手相家MICHIRU《ミチル》

3

愛の戦士編

原作・監修 **西谷 泰人**
漫画 **miyako**
協力 **アメノマイコ**

SOBUN

手相家MICHIRU《ミチル》3〈愛の戦士編〉

目次

あらすじ

高校生のみちるは、とあるきっかけで手相に魅せられ、手相の研鑽に没頭する。
そんな中、手相の指導霊シュバット・フェルツェンに導かれ、手相の奥義『流年法』を発見する。
手相の力が日に日に付いてきたみちるは、20歳の時、世界中の民族の手相を見てみたいとニューヨークに渡る。
日々鑑定をしていく中、手相の実力を大いに身に付けたみちるは、恋人サラとネコ・ミーシャとともに、2万5千年前のアトランティスの世界へ行くことになる。
そしてそこで開催された「世界占い大会」で優勝し、大会優勝の特典として、アトランティスの女神様より『1つ目・2つ目の玉』（天眼《てんがん》通力と天言《てんごん》通力）を授かる。
ニューヨークに帰還したみちるは、女神様より授かった2つの超能力を使い、次々と相談者の問題を解決する。
やがて因縁の占い師、ドン・ゲーリーと会い、バトルが……。
その戦いを通して、物語はクライマックスを迎える。
本書第3巻『愛の戦士編』は、世界的手相家となるみちるの人生を、一緒に追体験できる夢とロマンの物語である。
同時に本書は、手相を面白く学べる手相書の傑作と言える画期的な本になっている。

第1章　「天時通力」を授かる

in みちるの鑑定室
おはよう　みちる 今日は体調どうなの？
ああサラ おはよう
今日の一人目のお客様はきっと心臓が悪い方だよ
RRR…
Sara
○○○-×××× -××××
相変わらずNYで順調に手相鑑定を続けていた僕に
近頃訪れた変化 それは──
Hi
こんにちは こちらへどうぞ
イテテテ…

あの…つかぬ事を お伺いしますが
もしかして心臓の ご病気か何かでは？
え!?　なんで 分かるんだい？
まだ手相 見せて ないけど
実は心臓に 持病があって
今日は健康のことを 聞きたくて来たんだ
やっぱりな…
何故か鑑定に訪れる お客様の体調が 僕に写る――
そんなことが頻繁《ひんぱん》に 起こるように なっていた
例えば――

みちる
どうしたの？
食欲ないの？
うーん…なんだか
胃の調子がちょっと
おかしいんだよね
ストレス
かしら？
次の日――
やっぱり胃が
おかしいな
でもこのくらいなら
なんとか鑑定は
できる――
どうかな？
ちょっと様子を
見てみるよ
よろしく～
あれ…

胃の具合が あまり良くない ですね
そうなの 実は今も ちょっと 胃が痛くて
薬は飲んで いるんだけど…
昨日の夜から 痛みがひどく なって…
！
昨日の夜って…
まさかな…
Thank you!
また別の日――
ん―？ 今日はやけに 腰が痛いぞ…
Hello
ガチャ…

やれやれ
どうぞ
こちらへ
ありがとう
どうも腰が
悪くてねえ
！
もしかして
お客様の体調が
僕に写ってる…？
その読みは
当たり――
ガーン
ガーン
うう…
頭が痛い
頭痛持ち
なの
やっぱり…

この下腹部の痛みは…⁉
生理痛がひどくて…
このように
鑑定前日の夜や当日の朝
または鑑定中に
お客様と向かい合っていると
お客様の体の辛《つら》い症状が
僕に写り鑑定が終わると
ピタッと嘘《うそ》のように治《なお》る
今日も頑張った…
鑑定終了後
そんな現象だけでなく――
びくっ
どいてどいてー！
ガー
どうしたの急に…
ガーッ

掃除《そうじ》好きが高《こう》じて ハウスクリーニングの 会社を立ち上げ たんだ！
あー…
鑑定に訪れる お客様の性格まで 写ってしまう事も…
やけに勉強熱が 高まったと思ったら
1日13時間 勉強しています
お客様が名門大学の エリートだったり
食欲が 止まらない時は…
みちる 食べ過ぎ じゃない？
まだ いけるよ
パク パク パク
職業？ フード ファイターさ！
食べるの 大好き！
そういう ことか…

お客様の体調や性格が写る!?
だから最近何かちょっと変だったのね
ハハ…
でもそれってある意味占い師にとって大切な要素なんじゃない？
え!?
だって相手と波長を合わせて一体化しより深い正確な運命鑑定ができるって事でしょ？
それに手相もかけ合わせて完全にみちる独自の唯一無二《ゆいいつむに》の鑑定じゃない
そ…そうか

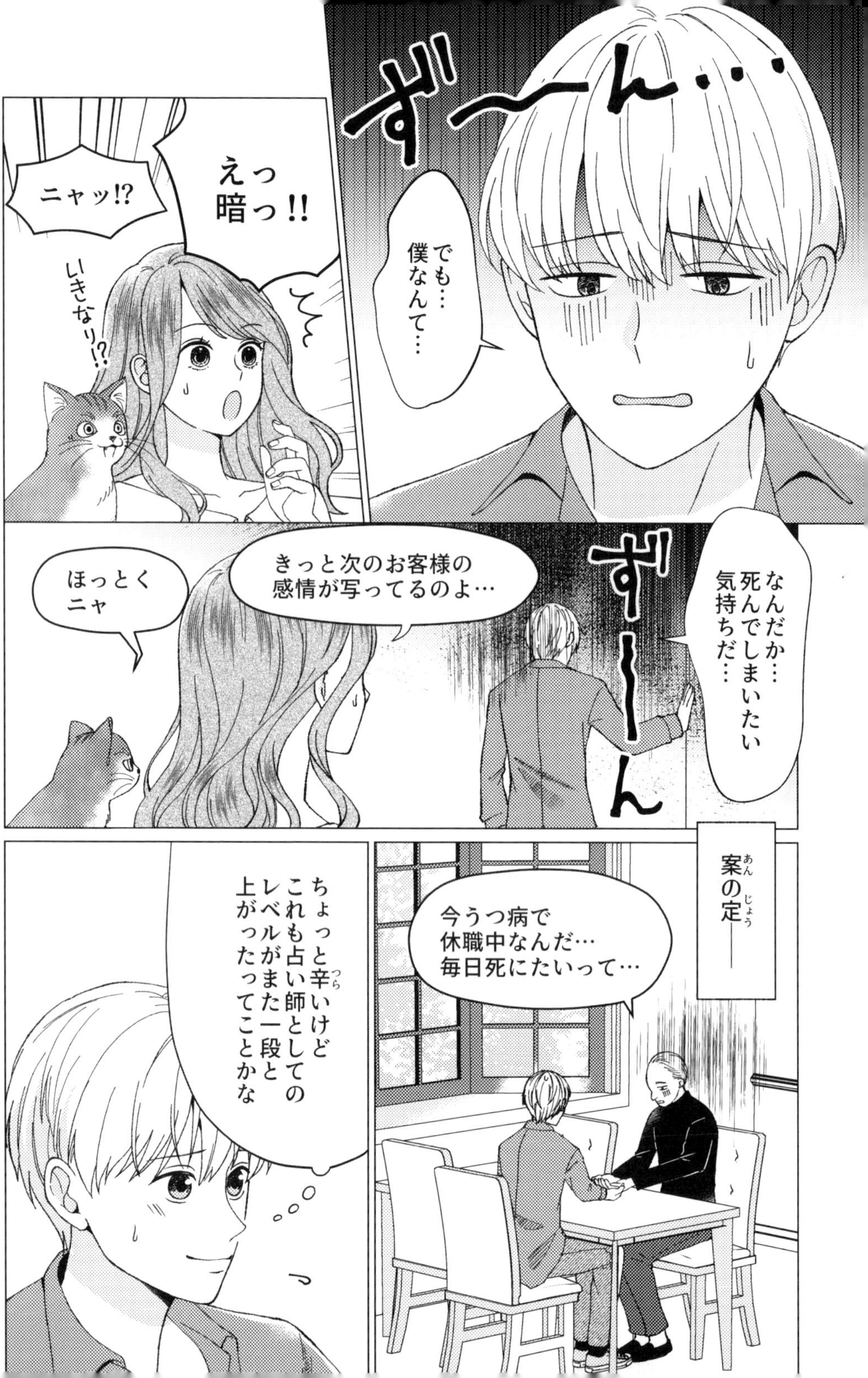
ず〜ん…
でも…僕なんて…
えっ暗っ!!
ニャッ!?
いきなり!?
なんだか…死んでしまいたい気持ちだ…
ず〜ん
きっと次のお客様の感情が写ってるのよ…
ほっとくニャ
案《あん》の定《じょう》——
今うつ病で休職中なんだ…毎日死にたいって…
ちょっと辛《つら》いけどこれも占い師としてのレベルがまた一段と上がったってことかな

そんなことを考えていた矢先《やさき》――
えっ「みちる効果」？
なんですかソレ？
ここであなたに会った人たちが最近言ってるの
実際に鑑定を受けた後や予約を申し込んだ途端に幸運が起こるって！
私の知り合いは鑑定直後に宝くじが当たったって人もいたし
あなたの鑑定を申し込んだ直後にプロポーズされたって人もいたわよ！
えー！ホントですか

でも…そういえば
実はこの後会社の大事な取引があるんだ
うまくいくといいですね
一通りのアドバイスを終えた数時間後――
RRR…
○○○-××××-××××
おかげ様で年商を上まわる大きな取引が決定したよ！もうビックリして…
おめでとうございます
もう25年もひどい難病指定の皮膚病で…
1ヶ月後――
鑑定のすぐあとから薬はまったく飲まないのにどんどん改善して1か月で普通の肌になったの！
へぇ～！良かったですね

ありがたいけど…「みちる効果」って自分で言うのは恥ずかしいな
お客様の間で自然に言われるようになった「みちる効果」という言葉——
僕の力だけではないと思うけど…
あっ もしかして僕の指導霊シュバット・フェルツェンのおかげ？
シュバット・フェルツェン ※鑑定後、その人に天使を３体ずつつけ幸せにする力を持っていた
…って事をお客様に言われてさ
へー！「みちる効果」ねぇ

みちるに相談に行こうと思った途端《とたん》に悩みや問題が解決したり幸運が起こったりするんでしょ？
それってプロフェッショナルの極《きわ》みだと思うけど
もはや究極《きゅうきょく》よね
究極？
プロフェッショナルの極みか…
みちるもついにここまで来たのね
いやいやまだそこまでは…
あ！
もしかしてあの時も…
なになに？
ニャ？
この間PCの調子が悪くて修理の人が来てくれる事になったんだけど…

うーん、やっぱり
どうにもならないなあ
ゼッ
ＰＣの修理に
来ましたー
よろしく
お願いします
どれどれ…
ん？
何も問題
ないですけど？
え!?
そんな
はずは…
あれ？普通に
動いている…
じゃー
帰りますねー
また別の時にも
またＰＣが
動かなくなって
業者に連絡したら——

ハイ じゃあ
修理お願いします
お茶でも
飲むか…
アレ?
な…
直ってる!?
なんで…?
——って事が
あったんだけど
これって
まさに…
まさに
「プロの極《きわ》み
現象」ね!
特に家電って
霊的なものの
影響を受けやすい
って聞いた事が
あるし…

そうなんだ…
その機械に触《さわ》って ないのに プロが行くだけで 突然直るとか
電気器具の 修理の達人 たちの間では よくある事 らしいわよ
不思議だな… 修理のプロたちの 技術に裏付けられた 「必ず直す！」っていう 想念も影響して いるのかな？
それもある かもねー！
あとさーアレ！ 「方位学」も 一緒じゃない？
良い方角に行く！って 決めた瞬間から いい事が起こったり するっていうもの！

確かにそうだ
お客様の中にもいたな…
西の吉方位に行ったらお金が入ったんだ！
北に引っ越すと決めたら子供を授かったの！
※その人にとっての良い方角は毎年・毎月変わります
やはり人の意識や想念というものは物事に多大な影響を与えているんだ――
究極の占い師か…少しは近づけているのかな
いずれは誰かが僕のことを考えたり耳にしたりするだけで問題が解決したり奇跡が起きたりするような存在になれたらいいな
それはとてもすばらしい事よ
だけどそうなったら…
お客さん来なくなっちゃうわ
あ…

そうこうしている間に
ついに――
やった…!
ついに…鑑定人数1万人突破だ!!
今までいろいろあったけど
ようやくここまで来れたぞ…!!

今日はお祝いしよう
普段は飲まないけどお酒も買っちゃおうかな
ただいま～
ドサッ
Zzz…
…ちる
みちる
…ん?
今誰か呼んだ?
それにこの…

花の香りは…
みちるよ
日頃の鑑定と精進《しょうじん》努力を褒《ほ》めて遣《つか》わす
うわっ
あなたは…アトランティスの女神…
今日よりそなたに３つ目の玉「天時《てんじ》通力」を授ける
て…「天時《てんじ》通力」？

それは…
今日よりこれにより時空を見通して様々な真実を知るであろう
ポウ…
人々の幸せのために役立てるとよかろう
光の玉がまた僕の中に——
では健闘《けんとう》を祈る
スー…
えっ？あの…

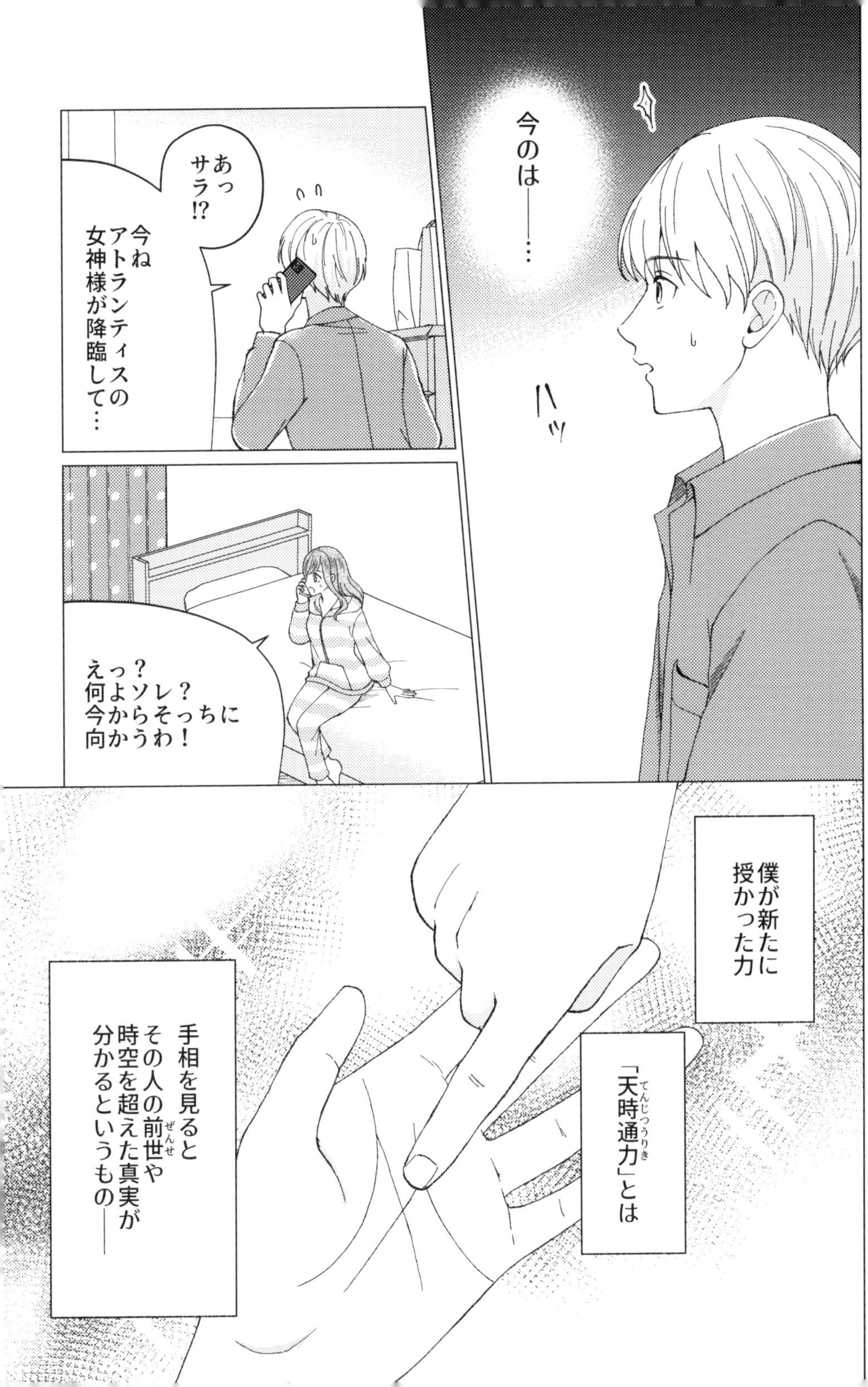
今のは――…
ハッ
あっ サラ!? 今ね アトランティスの女神様が降臨して…
えっ？ 何よソレ？ 今からそっちに 向かうわ！
僕が新たに授かった力
「天時通力《てんじつうりき》」とは
手相を見ると その人の前世《ぜんせ》や 時空を超えた真実が 分かるというもの――

その結果
相手の今世《こんせ》の
悩み事や因縁《いんねん》も
分かるって事ね
すごいニャ！
じゃあ早速サラの前世を…
えー！なんだかワクワクしてきたわ
ドキドキ…
あ、見える…

この女性は…サラだ
何か見えた？
うん見えてきたよ
サラの前世はね…
西暦1500年頃のイギリス…？
女性と大勢の子供たち…
あ孤児院だ
サラが孤児院を運営していて…
150人ぐらいの親がいない子供たちの面倒を見たり教育したりしてる
そうなの…

すごく愛情に満ちていて
何よりも子供たちの事をいちばんに考えている
とても優しい人だったみたいだ
へぇー確かに今でも子供は大好きだわ
…なのだ
えっ？誰!?
どうしたの？
今…なんか声が聞こえて
何も聞こえてないけど？
ニャー

この声…どこかで
あ！
僕の指導霊
シュバット・フェルツェンだ
「その孤児たちを助けたい」
その美しい心がサラの今生での美しい姿になり
なになに？
幸運な家系に生まれた理由である
今シュバット・フェルツェンがサラの事を…
シュバット・フェルツェンが今近くにいるの？他には何て？
えーと…
「また芸術を愛する人生は美しい肉体を得る事に関係しているのだ」って…

そして自己の肉体は神《かみ》の宮《みや》である
自分の肉体をよく動かし健康に努め
体を美しく保つ努力をする事は大いに美を授かる要因となる
「美は神のご褒美《ほうび》なのだ」
「美は神のご褒美」かー！なんかやる気でるわね
それから猫や犬など動物愛護も美しく優しい心の育成に大切なもの
それも美を授かる要因である心しておきなさい
ニャ！

ミーシャ～♪
ぎゅう～っ
そういえば確かに…
世紀の美女 B《ブリジット》・バルドーや A《アリアナ》・グランデ
男性でもL《レオナルド》・ディカプリオなんかの美男は動物愛護者が多いね
その者の前世《ぜんせ》がどのようだったか知りたければ今世の生き方を見ればよく分かる
全てではないが同じように生きるものであるから
そうか…
いいお話だったわ
ニャー
…あれ？シュバット・フェルツェンの気配《けはい》が消えた
そうだみちる！

鑑定人数1万人突破
おめでとう！
今夜は
パーティよ！
ニャー!!
ありがとう
サラ
ミーシャ
新しい「天時通力」で
またたくさんの人を
幸せにできるといいね♪
ニャ
と言いたいところ
だけど…
今日はみちる
疲れてるだろうから
また今度にしましょ

それから僕は新たに授かった「天時通力」を使い
鑑定に臨《のぞ》む毎日だった――
妻とうまくいっていなくて…
ルークさん(44歳)
奥様の浮気ですか…
手相を見てみましょう
これは…結婚線の先端がぐっと下がって感情線に触れている…
夫婦の心がお互いに離れている
このままだと結婚生活は破綻《はたん》…そして離婚になる

天時通力で見てみよう…
この方の前世は…
300年前のオランダ…？
当時結婚していたけど他にも女性がいたようだ
そしてこの泣いている女性は…
ルークさんの今の奥様だ
みちるよ
!
あ…シュバット・フェルツェン？
今生その者の置かれて苦しんでいる状況は
前世で反対の立場だった事が多いのだ
？

その業《カルマ》を今生で苦しむ事によって消しているのである
恨《うら》みの念が強ければまた新しい業《カルマ》となり来世《らいせい》でも恨み合う芽を作ってしまう
…って事は
くれぐれも恨《うら》みを残さぬようその者に伝えよ
…って言われてもこの事をそのまま伝えて大丈夫なのか…？
一瞬迷ったけれど僕はルークさんに見えたものそのままを伝える事にした――
そんな…！
ルークさん
今も奥様を愛していますか？

もちろんだよ
今回の妻の浮気だって元はといえば…
僕が忙しさを理由に妻をないがしろにしていたからこうなってしまったんだ
まだ…間に合うだろうか？
あ…これは
次は天眼通力で少し先の未来を見てみよう
きっと大丈夫だ…！

ご自身で原因も分かっていらっしゃいますし
今後反省と謝罪の気持ちを込めて奥様に愛情を注げば
数ケ月で結婚線の向きも変わり関係も改善されるでしょう
本当かい？
ええ
今日はありがとう
君のおかげで
自分自身を変えようと
思えるようになったよ
ひとまずあの者の近い将来は安泰のようだな
わっ！
だが油断は禁物である

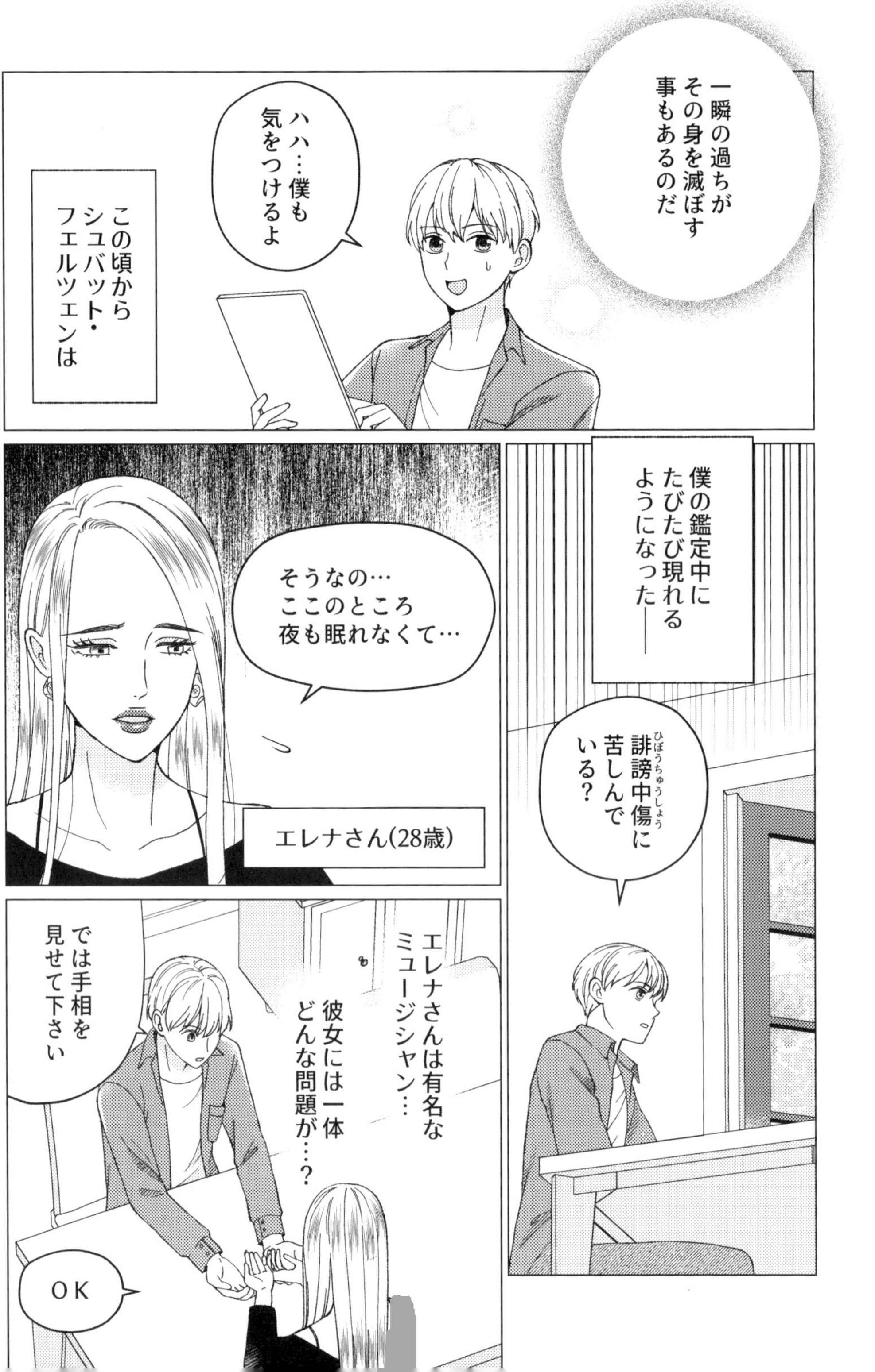
一瞬の過ちが
その身を滅ぼす
事もあるのだ
ハハ…僕も
気をつけるよ
この頃から
シュバット・
フェルツェンは
僕の鑑定中に
たびたび現れる
ようになった——
誹謗中傷《ひぼうちゅうしょう》に
苦しんで
いる？
そうなの…
ここのところ
夜も眠れなくて…
エレナさん(28歳)
エレナさんは有名な
ミュージシャン…
彼女には一体
どんな問題が…？
では手相を
見せて下さい
OK

長い知能線が
手首のほうに
下垂していて
そこから太陽線が
出ている――
才能で成功する吉相だ
スゥ…
前世を
見てみよう
250年くらい前か？
場所はヨーロッパの
音楽が盛んなところ…
ドイツだ
何か…
悔《くや》しがっている？

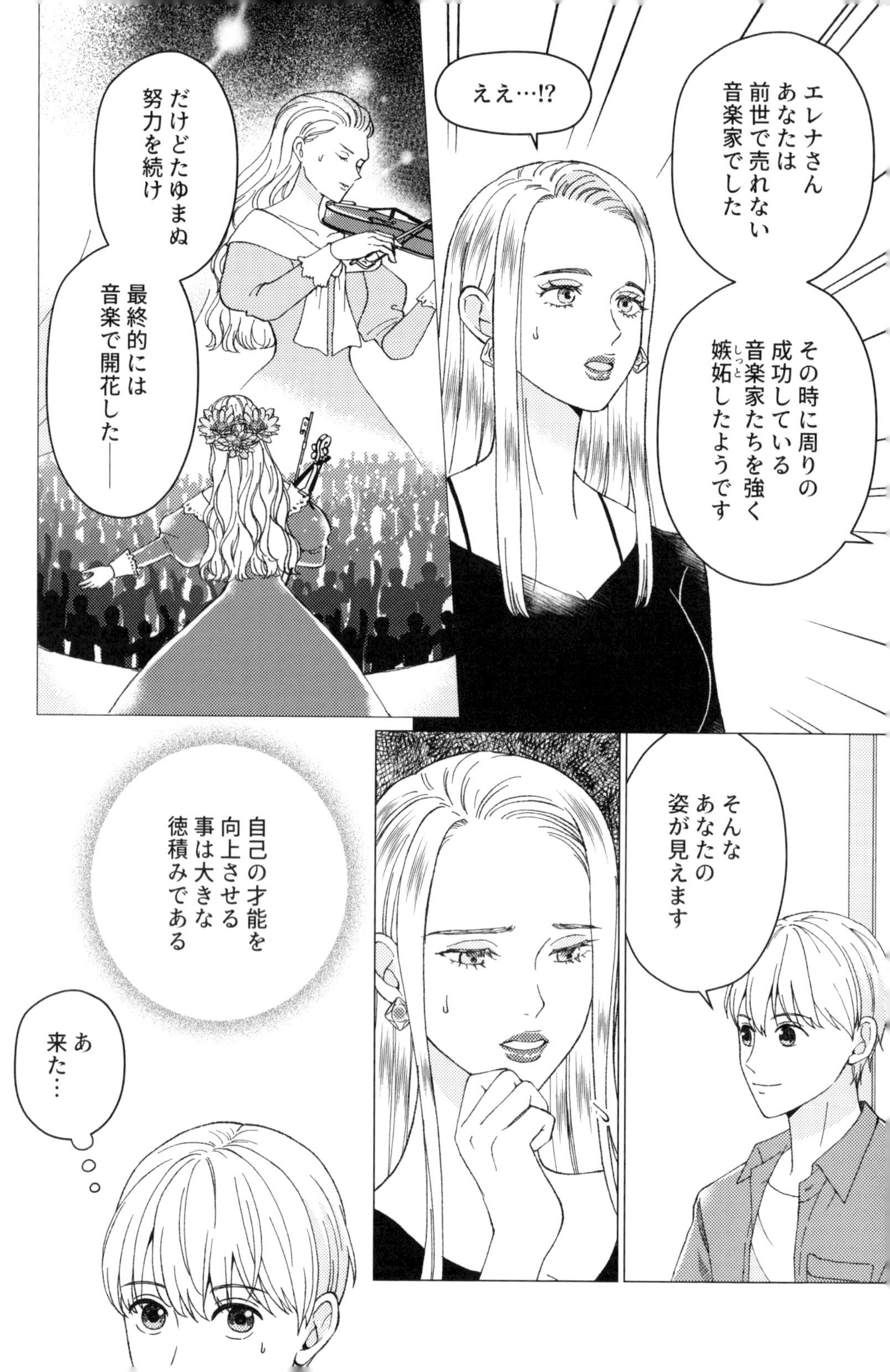

エレナさん
あなたは
前世で売れない
音楽家でした
その時に周りの
成功している
音楽家たちを強く
嫉妬《しっと》したようです
ええ…!?
だけどたゆまぬ
努力を続け
最終的には
音楽で開花した――
そんな
あなたの
姿が見えます
自己の才能を
向上させる
事は大きな
徳積みである
あ
来た…

自分の能力を向上させ人の能力を向上させる
それはどちらも大いに徳積みとなるのだ
やがてヒット曲にも恵まれ
後に名声や富となるであろう
努力をやめない人はやがて時が来たら活躍します
エレナさんがそうです
今妬《ねた》まれているのは前世で誰かを強く妬んだ業《カルマ》の報《むく》いを受けている
そのために辛《つら》い思いもしますが
辛抱《しんぼう》すればやがて収《おさ》まります

大丈夫ですよ
ありがとう…迷ったけど来て良かったわ
本当に…みんなそれぞれ悩みがあって
それにはやっぱり納得のいく理由があって…
次のお客様は…
サディさん(22歳)
Hello
この子は食べ物のアレルギーが多くてね

昔から体も弱くて健康面が不安で…
そうですか…
腸が悪い横線と疲労を表す放縦線が数本…
娘さんの体が弱い原因はですね…
これは…前世でかなり暴飲暴食をしていましたね
これは600年くらい前のポルトガル…
かなりの肥満で…その業《カルマ》のせいで今世ではあまり食べられない体に生まれてきたようです
OMG!

……
人生に偶然はない 必ず原因があって 結果がある
この者もまた 前世の因《いん》により 今世の結果と なっている
また 来た…
「ひとつの 生き方として 前世からの業は 苦しむ事により 消えるが
それは消極的な 生き方である」
「今を見て自分の 業を知り それを改善する 生き方をするのも
早期に苦しみから 解放される方法だ」…
あの…私

自分がこういう体だから
将来はアレルギー治療に
関する仕事や研究を
しようと思っていて…
サディ
そうだったの!?
それは
すばらしい!
だけど
今の健康状態だと
不安だし
自信もなくて…
えっと…
近い将来は…
サディさん
大丈夫です
近いうちにとても
良い医師との
出会いがあり
徐々に健康状態も
改善されていくでしょう
本当ですか？

サディさんだからこそできる仕事が絶対にあります
それが多くの人の救いとなりサディさん自身の喜びとなるでしょう
私…ずっと悩んでいたけど
いつか私が今の私に生まれてきて良かったと思えるよう一生懸命勉強するわ
Thank you!
──といういうわけで
僕も天時通力で自分の食の業を見てみたんだけど
サディさん笑顔になって良かった…

みちるはお肉も油モノも大の苦手だもんね
おまけに甘いものもダメなんてホント不便なんだから
ハハごめん
で？どんな業だったの？
実は前世で油モノを食べ過ぎて
それが理由で今生では苦手になったみたいなんだ
特に今いちばん苦手なチーズは毎日かなり食べていたようだよ
みちるの事だから前世も手相はマスカケ線で徹底して好きなものばっかり食べてたのかもねー！
…あら？

みちるの前世って日本人の僧侶で歌人って言ってなかった？
1巻参照
僧正遍昭
ああそれは
人は生まれ変わりを繰り返しているからねまた別の人物のときの話だよ
まあ自業自得《じごうじとく》って事だよね
それで考えたんだけど…
いつか…将来自然食ビュッフェのお店を出して
大勢の人に体に良い物を食べてもらって
人々がより健康になったらいいなって…
それはいいわね！
食の業も消せて食の徳も積める！

そしたらきっと来世では何でも食べられる健康体になるね！
人々に良い食べ物を提供して徳を積み僕がその店を成功させる苦労 努力を通して自分の業も抹消する
そして僕自身も気兼ねなく食べる事ができる…
それに多くの関係者や雇用者の生活も助けられる
一石三鳥以上だ！
そのお店ぜひやりましょう！
賛成だニャー
いつか本当にそんなお店を持てるよう
今僕ができる事を精一杯頑張ろう！
Hello

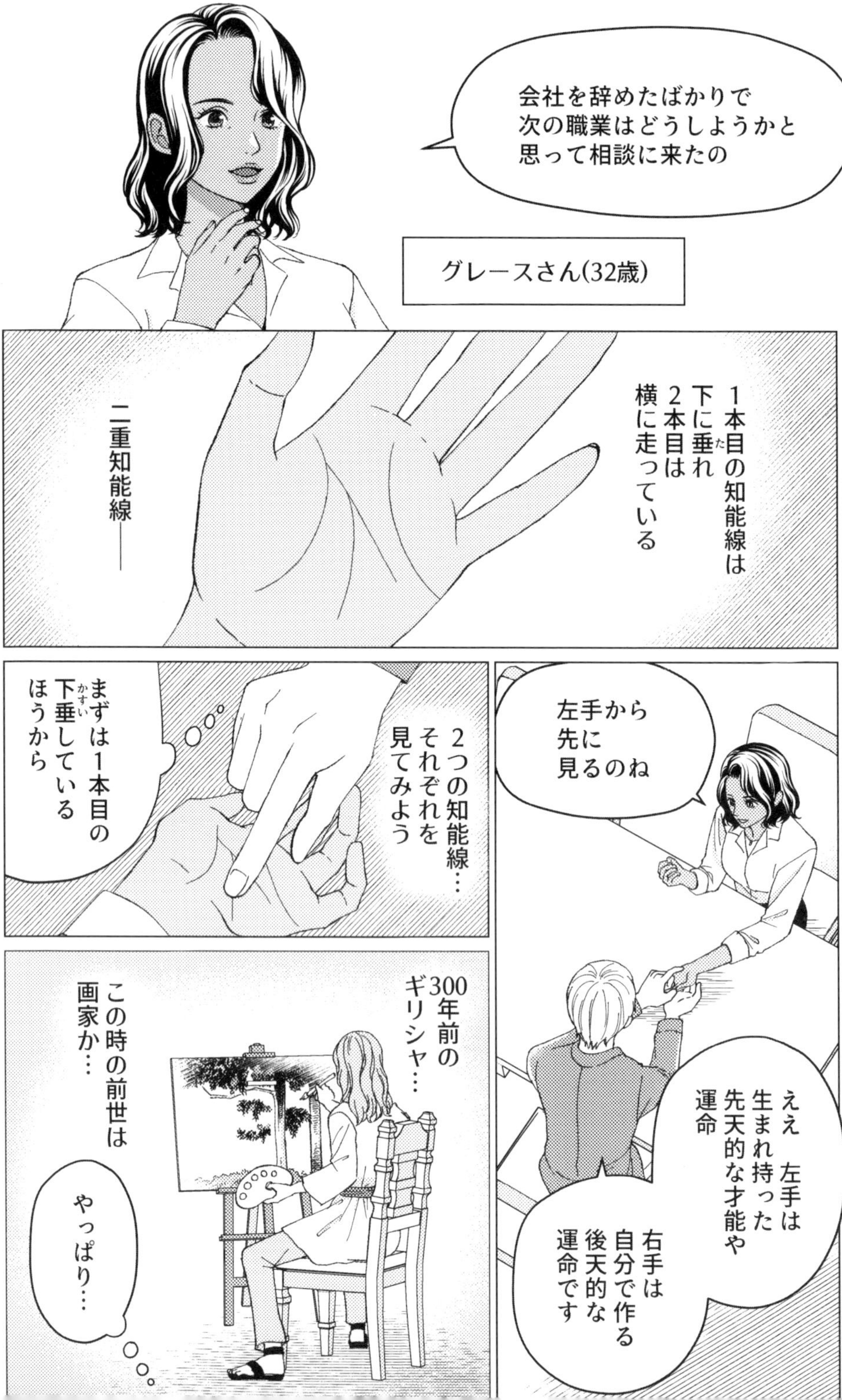
会社を辞めたばかりで次の職業はどうしようかと思って相談に来たの
グレースさん(32歳)
1本目の知能線は下に垂《た》れ2本目は横に走っている
二重知能線――
左手から先に見るのね
ええ 左手は生まれ持った先天的な才能や運命
右手は自分で作る後天的な運命です
2つの知能線…それぞれを見てみよう
まずは1本目の下垂《かすい》しているほうから
300年前のギリシャ…
この時の前世は画家か…
やっぱり…

下垂する知能線を持っている人は想像力を活かした芸術家や
スピリチュアルな分野の才能に長《た》けている――…
もう片方の横走りのほうは…
これは550年前のドイツ…
何か商売をしていた女性のようだ
なるほどな…横走りの知能線は現実的な才能に秀で
商売や経営の分野でセンスや才能を発揮する相…
つまりこの方はどちらの才能も持ち合わせている――
グレースさん

好きなことは何ですか？
そうねぇ…何かを作ったりデザインをするのは好きだわ
前職は全然違う職種だったけれど
あなたは絵やデザインの分野はとても向いていますよ
それに商才もあるので独立して生計を立てていくのもオススメです
実は自分でもそう考えていたの
雇《やと》われはどうも性に合わなくて
やっぱり…前世で一生をかけて習得した能力が
才能として手相に描かれているんだな

今まで自分なりに いろいろ頑張ってきた つもりだけど
もっと自分に合った 生き方があるのか 知りたくなって…
サムエルさん(47歳)
とても長い 旅行線
これは 生まれ故郷を離れて 成功したり 海外へ行く 人が多い
280年ぐらい前の パリに生まれている
だけどその後 別の国に移って 何か事業を している…?
そして小指に向かう 長い起業線
経営の才能が ある相だ
起業線の ほうは…

やはり過去でも事業家として大成功している…
サムエルさんは生まれ故郷を離れて活躍する相をお持ちです
海外で事業をなさるととても成功しますよ
よかった…僕の生き方は合っていたんだね
?
!
僕はハンガリー出身で今NYに来て事業をしているんだ
そうですか！それはあなたにピッタリの生き方です！

僕は今同時にいろんな仕事しているんだけど周りに1つか2つに絞《しぼ》れと言われて迷っていて…
アレックスさん(54歳)
複数のお仕事ですか
それは忙しそうですね
そうは言ってもいろいろと興味が尽きなくてね
体がひとつじゃ持たないよハハハ
どれどれ…
これは…!
晩年に5本の運命線
そして複数の太陽線…
スイッ
見えてきた

この方は
前世でも複数の仕事を
同時進行で精力的に
こなしている…
画商
不動産業
宝石商
レストラン経営
講師
アレックスさん
あなたは前世でも
宝石商や画商、不動産業に
レストラン経営
そして講師など
多方面で活躍され
充実した人生を
送っていたようです
驚いたよ
今言われた仕事は
僕が今やってる
仕事や興味がある
ものばかりだ
そうなのかい？
前世でも⁉
アレックスさんのように
複数の運命線や
太陽線が出ている方は
マルチに活動されるのが
いちばん向いていますいます

複数の仕事をして複数の収入源を持つ
そう手相にも出ていますし…
人によってはひとつの仕事に専念するのが合う人もいますが
アレックスさんの場合は逆です
5つぐらいは同時にこなせます
ワォ！
それは良かった安心したよ
BYE！
通力のおかげで僕の鑑定の仕方もだいぶ変わったな…

そういえば知ってる？
最近有名になってるドン・ゲーリーっていう水晶玉の占い師！
あなたと同じぐらいの年齢だったかしら？
えっ水晶玉占い？
一瞬…クロウが頭をよぎったけど…
いやいやまさか
ぶんぶん
すっごくイケメンで人気なの
今度イベントがあるから行こうと思ってるのよ

イベント
ですか…
おかしいな…
やけに気になる…
ドン・ゲーリー？
誰それ
知らないわ
？
僕も全然
知らなかったけど
なんか気に
なっちゃってさ
みちるがそんなに
気になるなら
そのイベント
行ってみましょうよ！
わ
わ
わー
すごい人…
女の子
ばっかりね

あっ来た！
すごい歓声！
キャアアアア
キャー
確かにイケメンねー
キャー
ねえミーシャ
ニャッ？
ドン・ゲーリーの手相の写真どうにか撮ってこれないかな
ニャ〜〜〜!?
手相の写真なんてどうするの？
いや…ちょっと彼の手相が見てみたくて

手さえ見れば
写真でも手相さえ分かれば
天時通力で彼の過去を見れるかもしれない――
でもミーシャに撮影って…そんな無茶な
まったく猫使いが荒いニャ
ははは…だよねー
どうしよう…どうにかして彼の手相を見れないだろうか
では間もなくデモンストレーション鑑定を行いまーす！
希望者の方は手を挙げてーー!!
!!!

チャンスよ みちる！
はい はい
は〜〜〜い!!!
えー では…
後列の猫を 連れた女性の方！
やった!!
それからそちらの 右端の若い男性
そして中央のご婦人 この3名を順番に お呼びします
それでは最初の方 どうぞ！
頼むよ サラ
うん！ 行ってくるわ
写真はOK?
OKだよ

カシャッ
あら？ゲーリー
手に何か
ついてるわよ
ん？
カシャー！
やった！
見間違いだったみたい
そうか？
サラ…
度胸あるな
では
見てみようか
何故か気になる
このドン・ゲーリーと
いう男
いったい――…!?

手相家 MICHIRU《ミチル》 手相解説

第1章 みちるに訪れた鑑定の変化

登場シーン順に紹介します。

解説 挿絵 西谷泰人

お客様の体調・精神状態がみちるに写る

★相手の運命を写して詳しく読み取る

占い師は人によりますが、みちるの場合は、お客様の体調・精神状態を写して、詳しく運命を読むやり方をします。

というより、相手の運命を正確に見ようとすると、自然に相手と一体化するため、自動的に相手のいろいろが一時的に写ります。

大抵は鑑定をする前日の夜8時ごろからだったり、鑑定当日の朝。または、鑑定直前からということがほとんどです。

もちろん鑑定の際の会話で、最終的には波長が合い、お客様の状態が写るといったケースもよくあります。

★鑑定の時は…

ですから鑑定は鑑定前から始まっている、ということです。不思議なことですが、こればかりは面白い現象です。

また私は、お客様の手相を、鑑定前日の睡眠中に夢の中で見てしまうこともよくありました。予《あらかじ》め鑑定してしまうんですね。

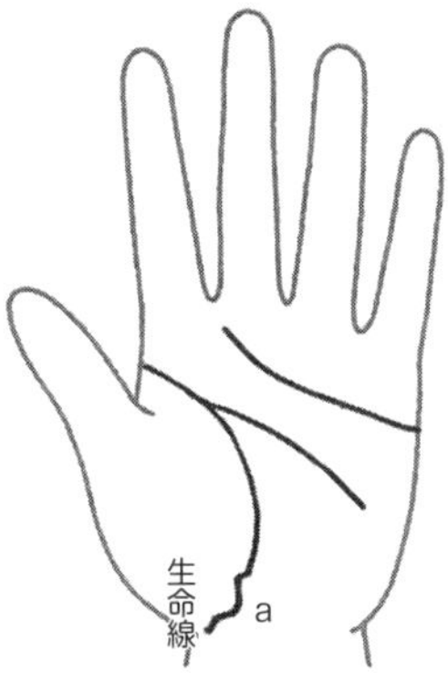

心臓が弱い男性の手相
（60歳 心臓病）

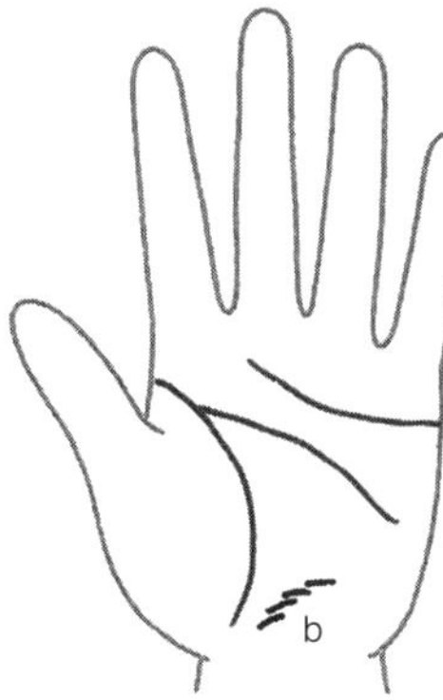

胃が弱い女性の手相
（32歳 胃痛）

それから面白い現象は他にもあって、鑑定後に私がお客様の夢の中に出てアドバイスをすることもあるようです。

「今、交際中の人があなたの結婚相手ですよ」など。笑

よくお客様から感謝されます。

★最初の男性・心臓病の相

心臓病をはじめとする循環器《じゅんかんき》系の弱点は、生命線の蛇行《だこう》しているaの流年の期間が示しています。

漫画では、手相を見なくて心臓の悪いことを指摘していましたが、手相で見ると、こんな生命線の蛇行の相で出ています。

★2番目の女性・胃の疾患の相

胃の疲れや疾患は、手のひら下部に出る切れ切れの病気の線bが知らせていました。

この線が生命線まで伸びて切っていると、結構胃が悪くなっているサインです。精密検査をおススメします。

この女性の場合は生命線は切っておらず、一時的な胃病である、と判断できます。

「みちる効果」が起こりはじめる

※みちる効果……みちるの鑑定を受けた後や、みちるの鑑定を申し込んだ後に、思いがけない幸運が起こる現象のこと。

また、そんな幸運が起こった現実を目の当《ま》たり《あ》にした人たちの間で、自然に広まった言葉。

また、みちると仕事を共にした人の場合は、だいたい半年ほどした時に幸運が起こったという現象がよく起きます。

★1万人の鑑定を達成し、授かった『天時通力《てんじつうりき》』の説明

※天時通力……手相に指を当てると、その人の前世や時空を超えた真実がわかるという超能力。

天眼通力《てんがんつうりき》・天言通力《てんごんつうりき》に続く三つ目の超能力。

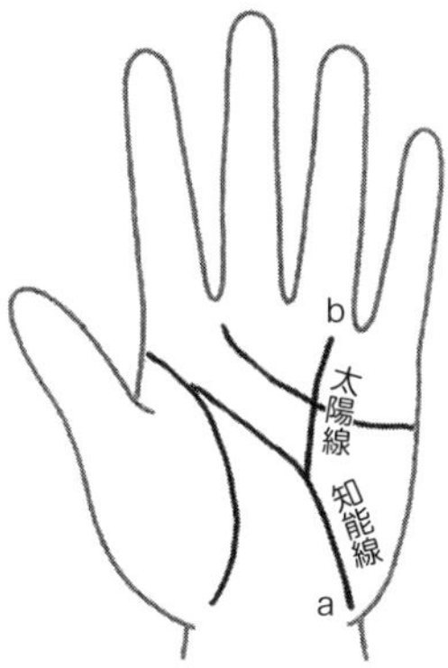

エレナさん（28 歳　女性）

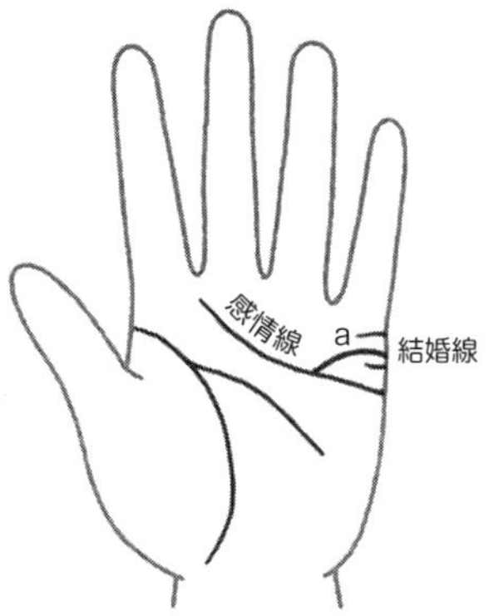

ルークさん（44 歳　男性）

★天時通力で鑑定・1人目　ルークさん（44歳　男性）

結婚線下垂《かすい》・妻の浮気相談

結婚線の中の1本の長い線が下を向くのは、現在、結婚相手と心が離れてきたことを知らせるサイン。

そして、さらにその線が伸びて下がり、aのように感情線に合流すると、結婚生活の破綻《はたん》を警告するサインとなります。

ただし、そのことを手相であらかじめ知ると、別れを回避することも可能となります。

★天時通力で鑑定・2人目　エレナさん（28歳　女性）

成功と批判の苦しみ

長い知能線aが、手首の近くまで下垂《かすい》しています。これは芸術やスピリチュアルな才能に恵まれ、創造力豊かな人であることを示しています。

その知能線から薬指下に向かう太陽線bが刻まれています。

これは本人の才能により、人気や名声、成功、たくさんの富を得ることを告げる大吉相です。

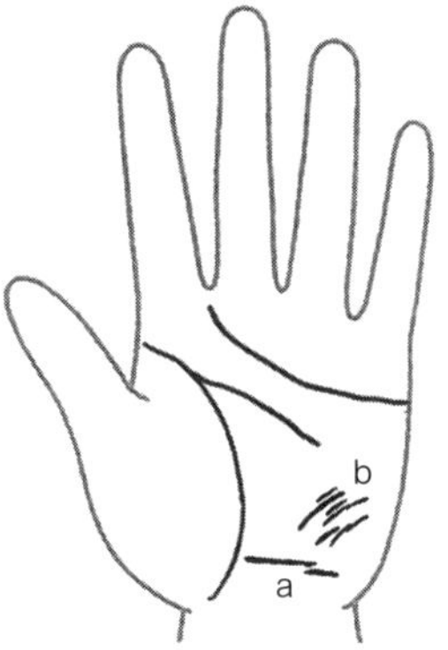

サディさん（22歳 女性）

★天時通力で鑑定・3人目 サディさん（22歳 女性）
食物アレルギーで苦しむ？

手相の下部に出る病気の線は、『手相家ＭＩＣＨＩＲＵ２』の第１章 手相解説で解説したとおりですが、サディさんには上記２種類がありました。

食物アレルギーがひどい彼女の病気線は、まず横に走るａの腸疾患・腸疲労の相がありました。

もう一つはｂの不摂生を示す線がありました。

不規則な食生活やバランスの悪い食事、ストレスや過労、睡眠不足などで疲労が蓄積状態にあると、この線が出現します。

ただし、規則正しい生活に戻ると、数日でこの不摂生の相は消えていきます。

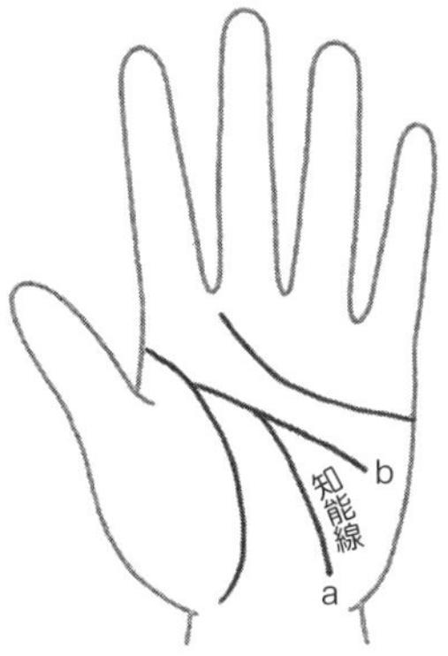

グレースさん（32歳　女性）

★天時通力で鑑定・4人目グレースさん（32歳　女性）
二重知能線の持ち主の仕事の相談

知能線が2本に分かれた二重知能線の持ち主。この2本それぞれの才能を兼ね備えています。

まず手首方向に下垂する知能線aは、想像力に優れ、芸術や宗教・占いなどスピリチュアルな分野の才能に長《た》けています。

また、インスピレーションをたくさん受けています。

そしてもう一方の、横に走る知能線bは、現実的な才能に秀《ひい》で、商売や経営で才能を発揮します。

以上、まったく異なった二つの才能を持ち合わせる彼女の前世は、やはりその両方で才能を発揮し、成功していました。

その経験や記憶を今世に持ち越して、手相に才能として描かれていました。

さらに、このまったく異なる才能を併《あわ》せ持つ手相の人は、一人二役ができ、大変成功しやすい人といえます。今後の活躍が楽しみです。

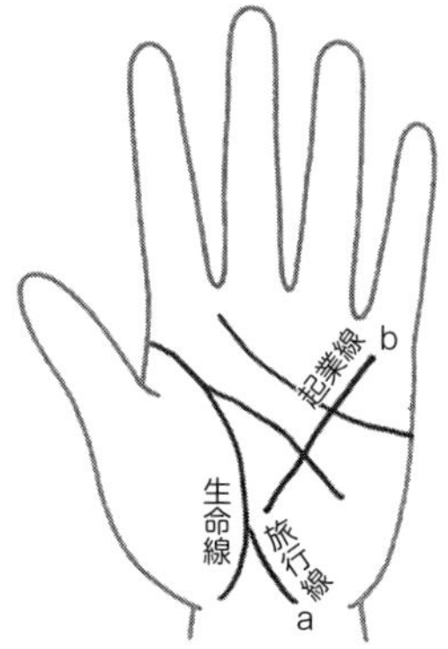

サムエルさん（47歳 男性）

★天時通力で鑑定・5人目サムエルさん（47歳 男性）
もっと自分に合った生き方は？

生命線の下部から長い旅行線aがあります。
これは生まれ故郷を離れて成功したり、幸せをつかむ相。海外で暮らす人が多いです。

手のひらの下側から、小指の付け根に向かって出ている線bは起《き》業《ぎょう》線といい、この線の持ち主はお勤《つと》めより独立したり、個人事業主として成功できる相です。

★天時通力で鑑定・6人目、アレックスさん（54歳 男性）
仕事をいろいろしているが、周囲からもっと絞《しぼ》ったらどうか？と

仕事を表す運命線aが、中指の下近くに5本あるのは、多角経営の相。

※**運命線**……仕事のこと、また社会的に自分の力を発揮する満足度が、
線の濃さや勢いとして出ている。

※**多角経営**……いくつものものを経営すること。

この方、特に人生の後半にはいくつもの仕事、特に運命線が5本あるので、5つの仕事を同時進行で進めていって、成功する人です。マ

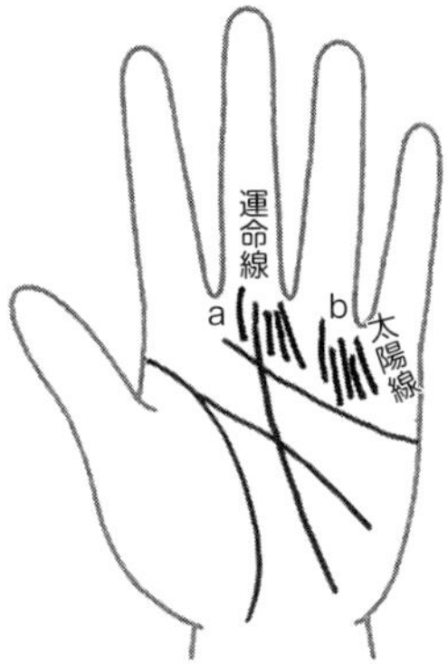

アレックスさん（54歳 男性）

ルチな生き方がピッタリ。

※注……運命線5本が、5つの仕事とは限らず、趣味やボランティア、介護など、一生懸命やるものもそれぞれ1本となります。

また、薬指下の太陽線bの本数は、主に収入の数を表しています。

※太陽線……成功、人気、金運、名声などを現す幸運の線。

彼には太陽線が5本あるので、五つのものから収入が入る人生を教えています。

このように、指の下の複数本の運命線や太陽線を持つ人は、自身のマルチな才能を活用して多方面で活動し、成功して下さい。

気になるドン・ゲーリーの出現！　この後、驚くべき展開が待っている……。

第2章　善と悪との戦い

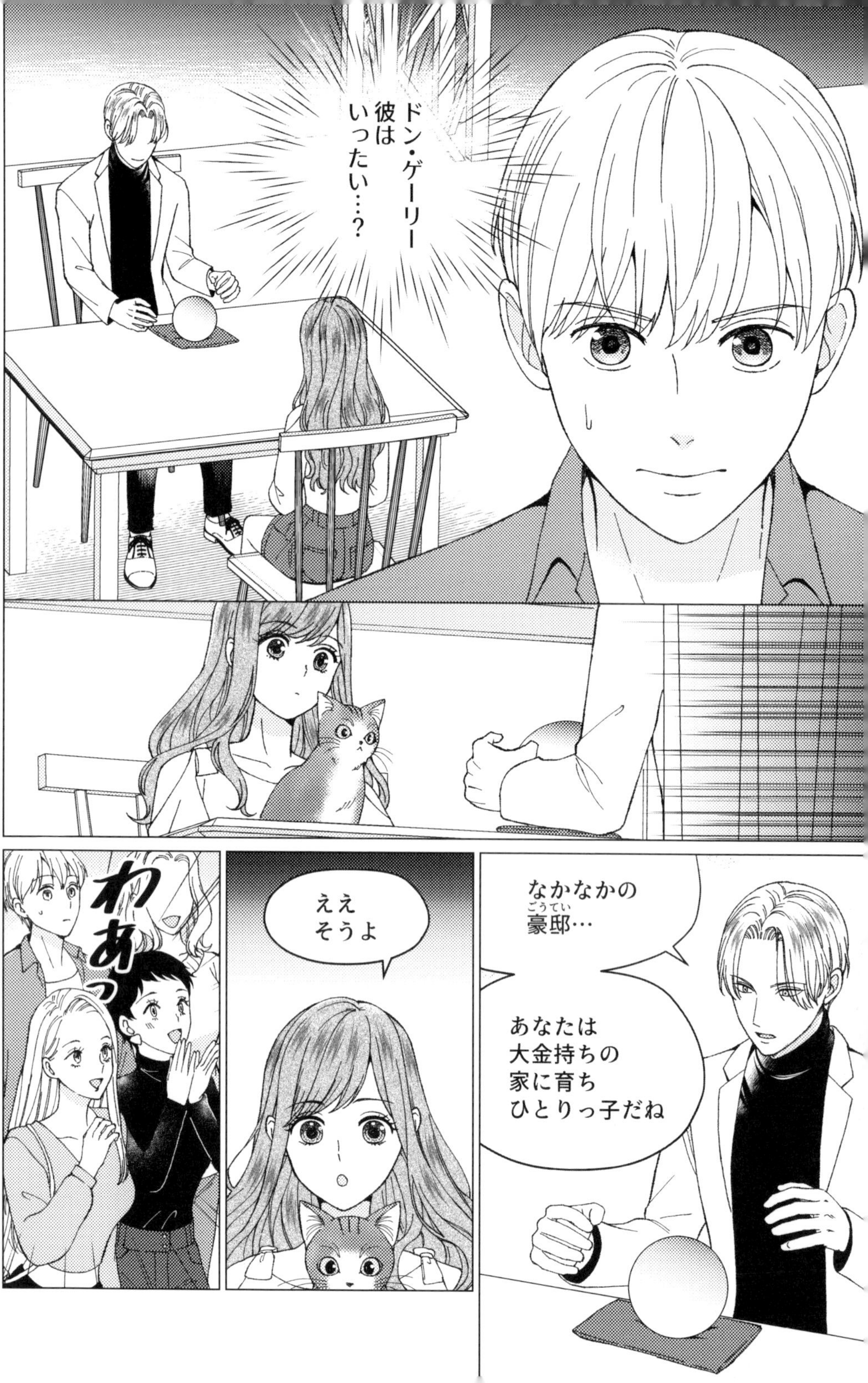

ドン・ゲーリー 彼は いったい…？
なかなかの 豪邸《ごうてい》…
あなたは 大金持ちの 家に育ち ひとりっ子だね
ええ そうよ
わあっ

そしてあなたの
お父さんの名前の
頭文字《かしらもじ》は「F」
お母さんは…
「R」だね？
！
そうです！
ドオオーーッ!!
そしてなかなか
両親の厳《きび》しい
教育を受けて
いたようだ
当たって
いるわ
わあっ
やっぱりすごいわ!!
ドン・ゲーリー…
実力は確かなようだ

ニューヨークへは１人で来た…
……あなたはそれ以降面白い体験がいっぱいだ
どこまで見えてるのかしら…
じゃあ次は恋愛運も見てみようか
すみませーん！
ゲーリーさん時間の都合上１人目の方はここまでで！
次のお客様をお願いします！
…そうか
ありがとう楽しかったわ
ちょっと待って

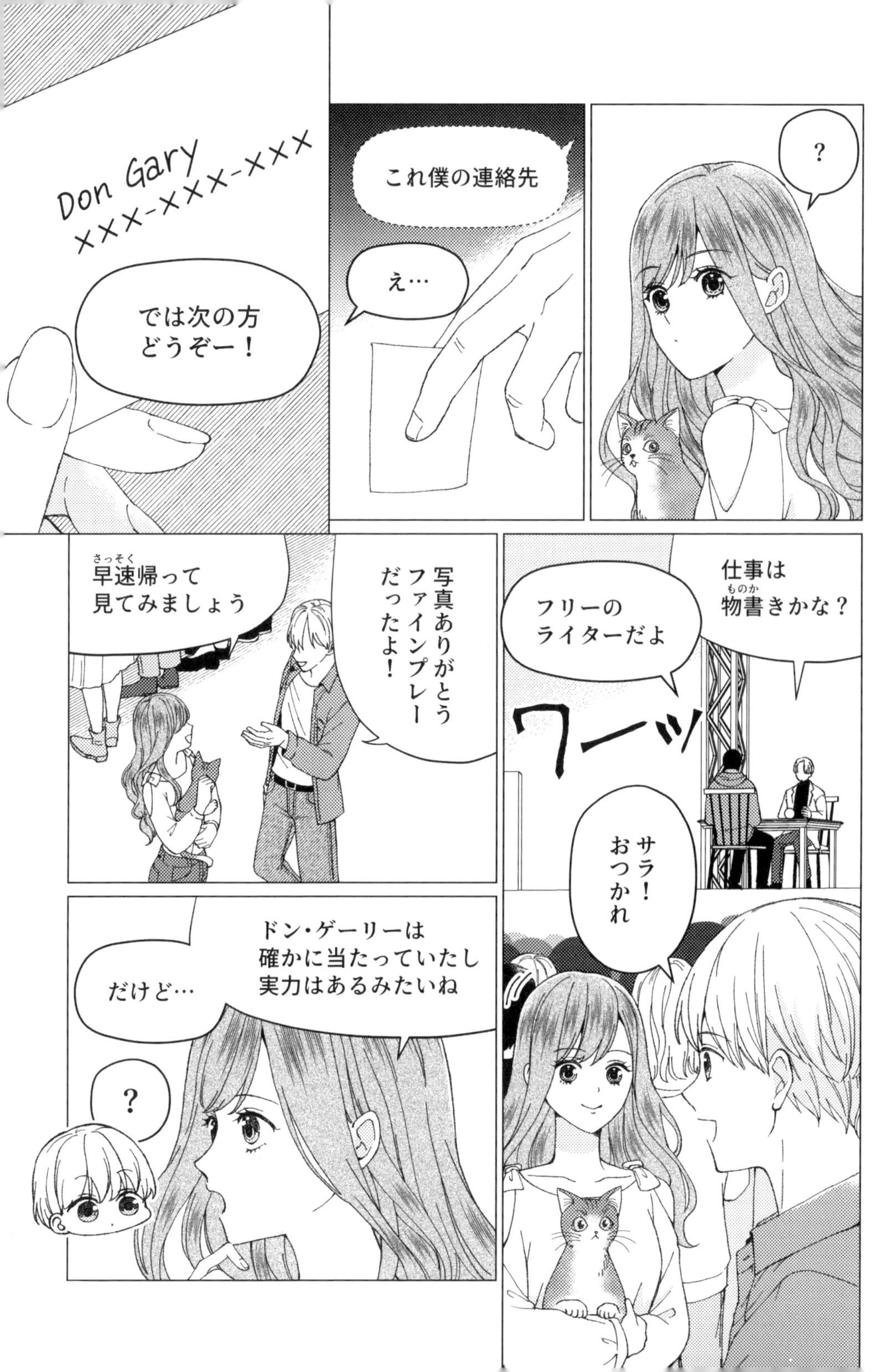

?
これ僕の連絡先
え…
Don Gary
×××-×××-×××
では次の方どうぞー！
仕事は物書《ものか》きかな？
フリーのライターだよ
ワーッ
サラ！おつかれ
写真ありがとうファインプレーだったよ！
早速《さっそく》帰って見てみましょう
ドン・ゲーリーは確かに当たっていたし実力はあるみたいね
だけど…
?

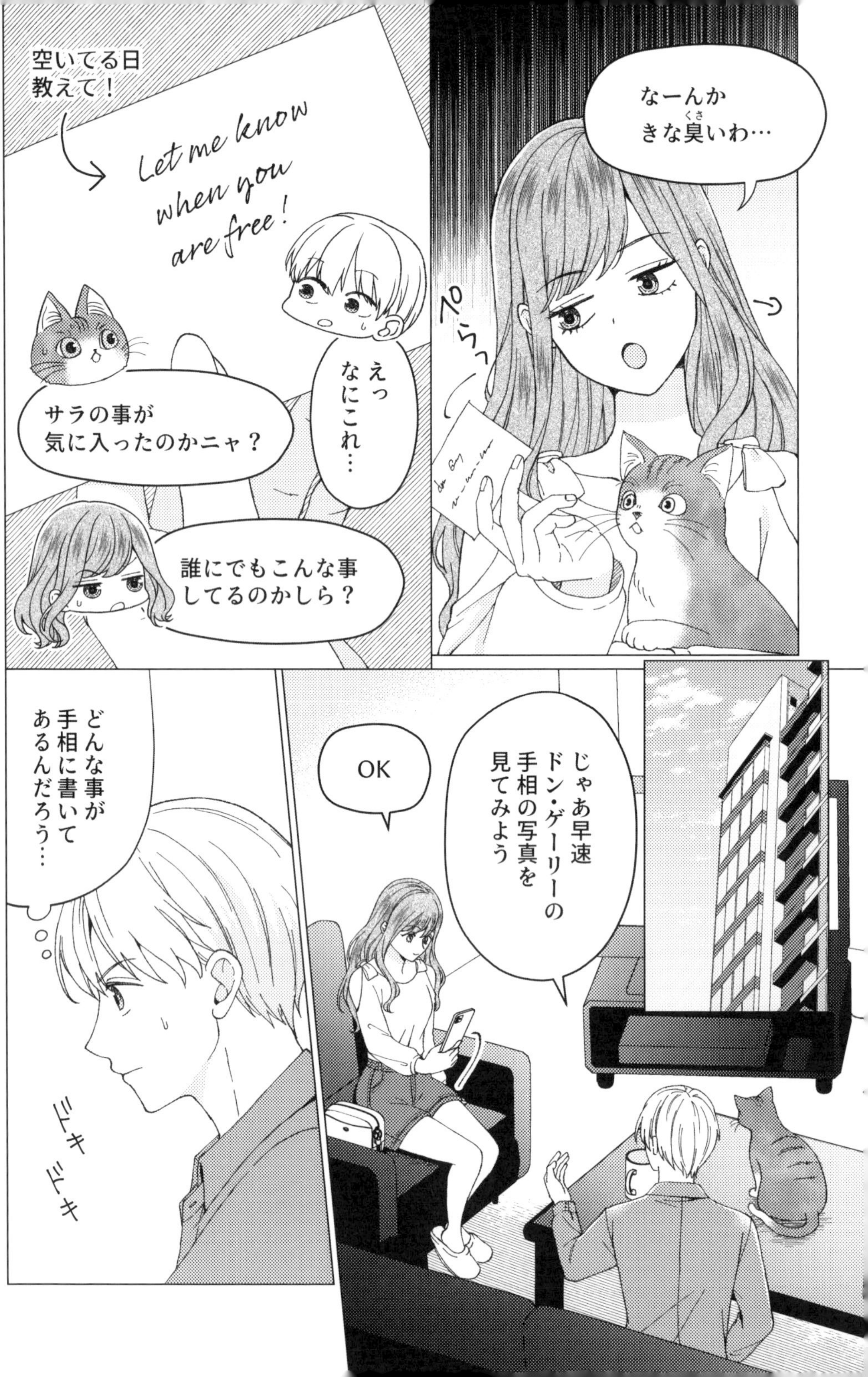

なーんかきな臭《くさ》いわ…
ぺらっ
空いてる日教えて！
Let me know when you are free!
えっなにこれ…
サラの事が気に入ったのかニャ？
誰にでもこんな事してるのかしら？
じゃあ早速ドン・ゲーリーの手相の写真を見てみよう
OK
どんな事が手相に書いてあるんだろう…
ドキドキ

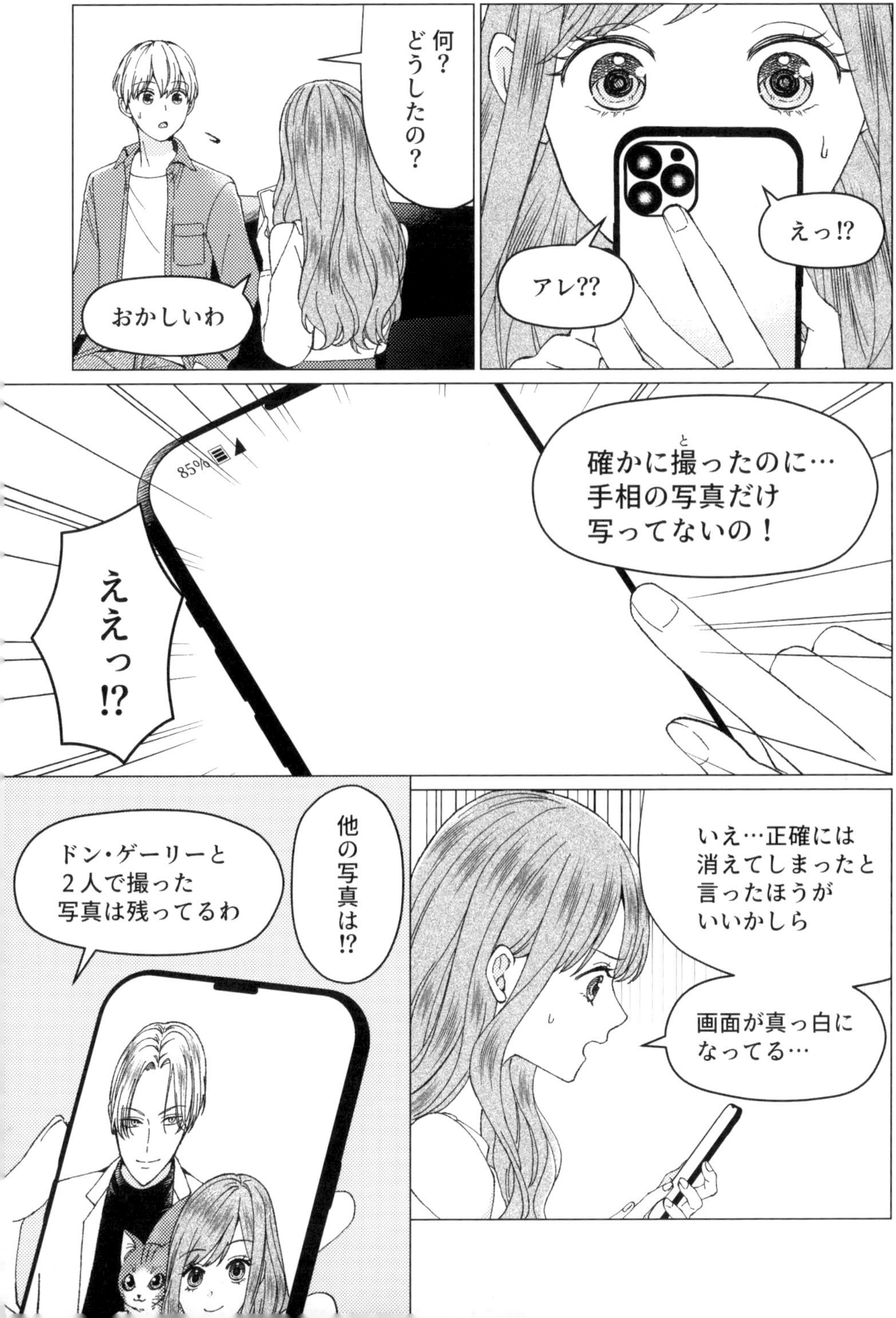
えっ!?
アレ??
何？どうしたの？
おかしいわ
確かに撮《と》ったのに…手相の写真だけ写ってないの！
85%
ええっ!?
いえ…正確には消えてしまったと言ったほうがいいかしら
画面が真っ白になってる…
他の写真は!?
ドン・ゲーリーと2人で撮った写真は残ってるわ

変だわ…
こんな事って
あるの!?
………
きっと…
彼はかなり
霊力が強いんだ
あるいは霊力の強い
何者かが憑《つ》いている…
ええー!?
ニャッ!?
霊力の強い人は
電気器具をよく
ダメにする
みたいだし
たぶん
彼に憑いている霊が
手相の写真を
見られるとまずいと
気づいて画像を
消したんだよ
そんな…
僕が日本にいた頃に
お会いした武道の達人の
青木○○先生という人が
電気器具をよく
誤《ご》作動させる事で
有名だったんだ

青木先生は
向かってきた相手を
触《さわ》らずに「気」で
投げ飛ばす
「遠当《とおあ》て」という
技で知られていて
世界一の武道家と
言われているんだ
前にお会いした時に
記念に動画を
撮ったんだけど…
後で見返してみたら
先生がアップの時だけ
映像が乱れたり
音声が途切れたりして
不思議に思ったんだ
後に
青木先生も
言ってたけど
以前テレビ番組に
出演した時も
同じ事が起こって
テレビ局の人もとても
驚いていたらしい
!?
STAFF
そりゃ
驚くわよ!
前にみちるの壊れた
パソコンを触《さわ》る前に
直したって人もいれば
逆に誤作動させちゃう
人もいるのね
※前章参照

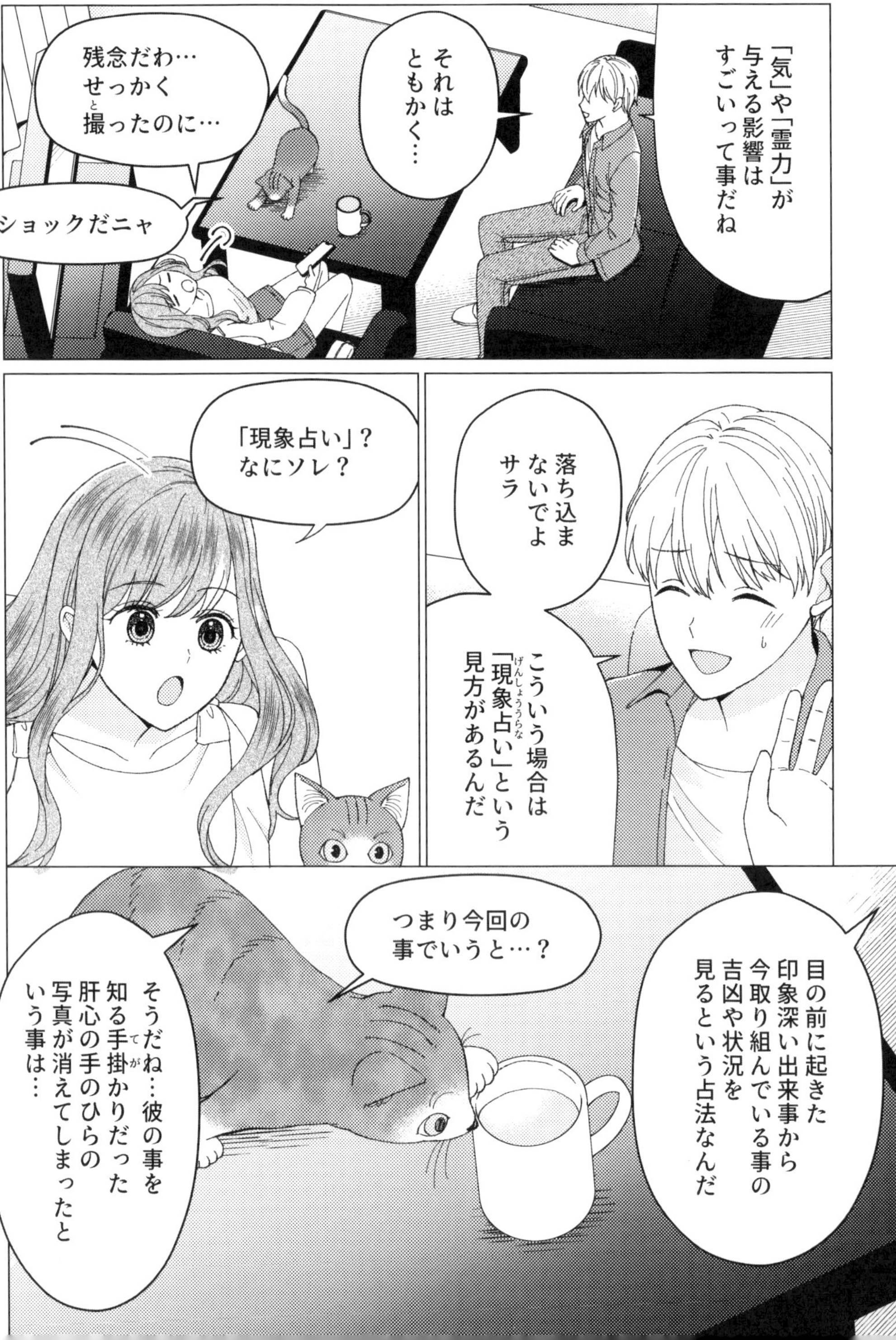

「気」や「霊力」が与える影響はすごいって事だね
それはともかく…
残念だわ…せっかく撮《と》ったのに…
ショックだニャ
落ち込まないでよサラ
こういう場合は「現象占い《げんしょううらな》」という見方があるんだ
「現象占い」？なにソレ？
目の前に起きた印象深い出来事から今取り組んでいる事の吉凶や状況を見るという占法なんだ
つまり今回の事でいうと…？
そうだね…彼の事を知る手掛《てが》かりだった肝心の手のひらの写真が消えてしまったという事は…

「そう簡単に
手の内《うち》は明かさない」
「容易《たやす》く正体を現さないし
見破れない手強《てごわ》い相手だ」
ってとこかな…
なるほどね…
「現象占い」について
もう少し分かりやすく
聞かせて
簡単に言うと
例えばある子供のいる
女性が再婚を望み母親と
候補者の男性の写真を
見ていたとする
この人
良さそうねえ
なかなか
素敵じゃない
そうね
この人に
決めようかな…
ガシャーン!!
何の音!?

つまり それって…
イテテ…
そう もしこの写真の人と再婚したら
後々大きな災難やトラブルに見舞《みま》われる生活になるよ、と判断を下す
反対に…
この人はどうかな?
いいんじゃない?
見て!今日テストで100点取ったー!
おかあさーーん!
パタパタ
あら おかえり
これはつまりこの写真の人が100点の人
この縁談は100点満点だって事!

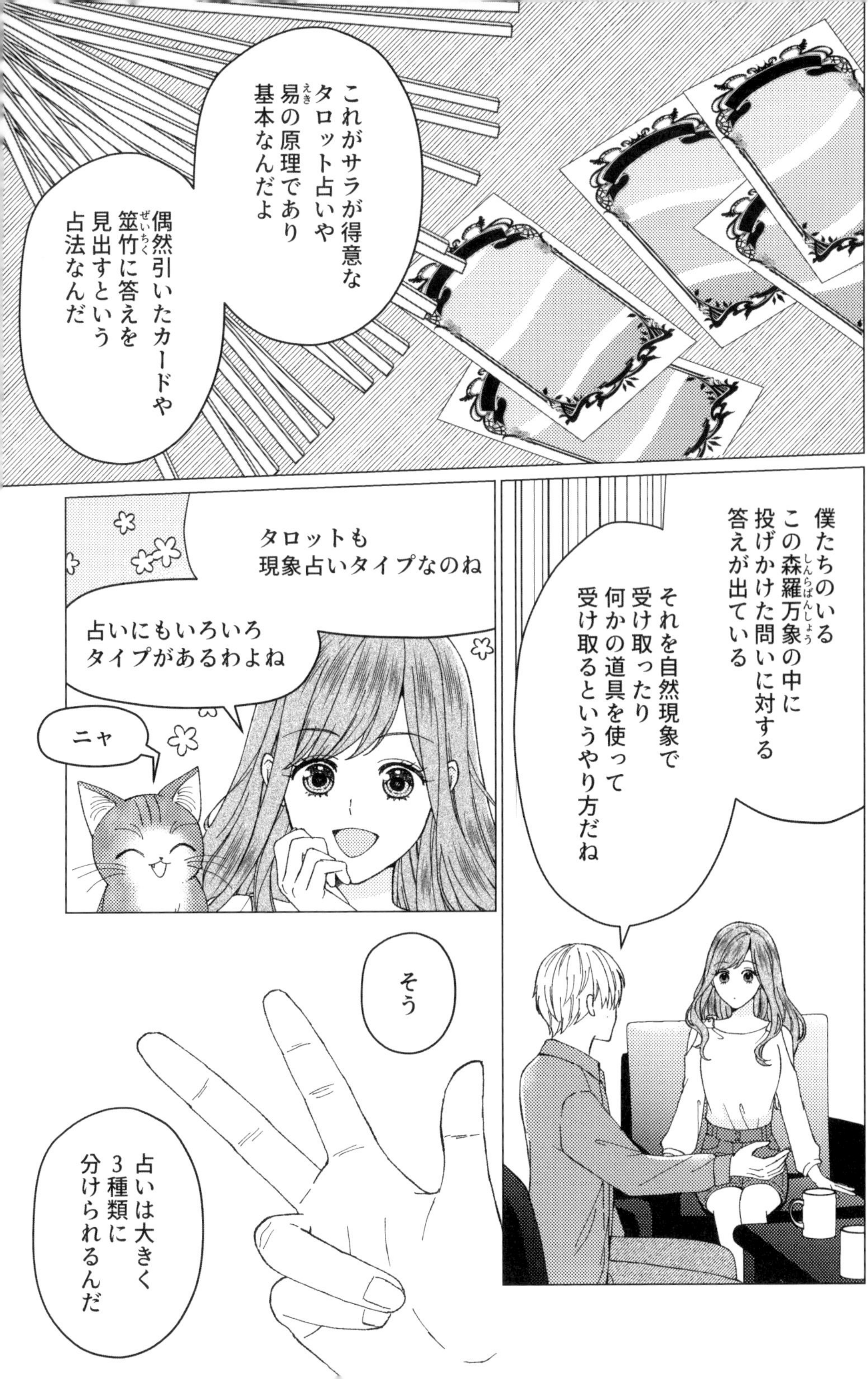
これがサラが得意なタロット占いや易《えき》の原理であり基本なんだよ
偶然引いたカードや筮竹《ぜいちく》に答えを見出すという占法なんだ
僕たちのいるこの森羅万象《しんらばんしょう》の中に投げかけた問いに対する答えが出ている
それを自然現象で受け取ったり何かの道具を使って受け取るというやり方だね
タロットも現象占いタイプなのね
占いにもいろいろタイプがあるわよね
ニャ
そう
占いは大きく3種類に分けられるんだ

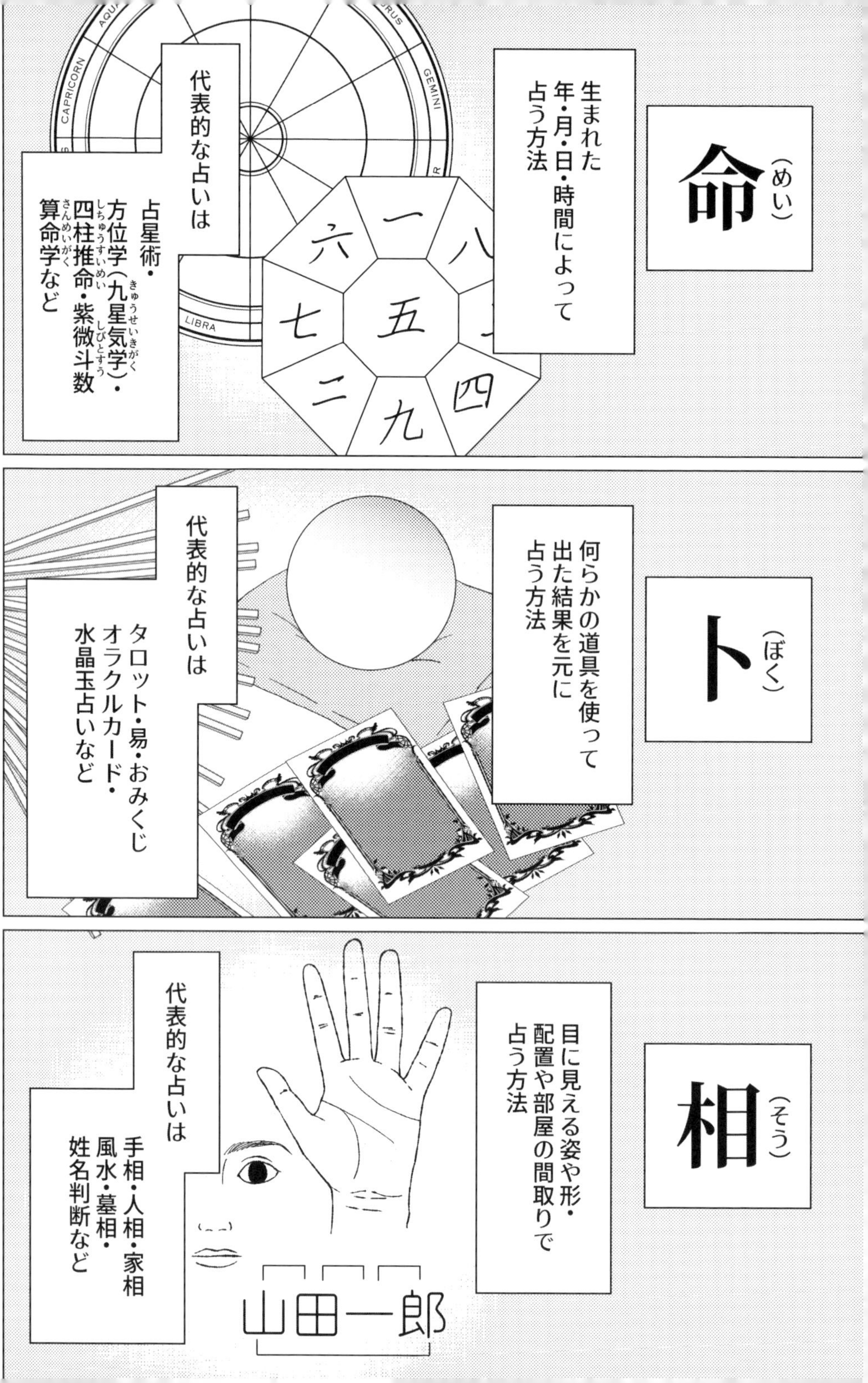

命（めい）
生まれた年・月・日・時間によって占う方法
代表的な占いは
占星術・方位学（九星気学《きゅうせいきがく》）・四柱推命《しちゅうすいめい》・紫微斗数《しびとすう》・算命学《さんめいがく》など
卜（ぼく）
何らかの道具を使って出た結果を元に占う方法
代表的な占いは
タロット・易・おみくじ・オラクルカード・水晶玉占いなど
相（そう）
目に見える姿や形・配置や部屋の間取りで占う方法
代表的な占いは
手相・人相・家相・風水・墓相・姓名判断など
山田一郎

僕は手相から入ったけど
はじめのうちはいろいろな占いを体験してみたんだ
そういえば以前鑑定にいらした…
ある心理学者で有名大学名誉教授のN子先生がおっしゃるには――
大学院で心理学を教えていると最後は多くの生徒が占いに行くのよ
へぇー！
心理学で出せない答えを占いで見出してるの
そういえば心理学の世界的権威で有名なユングも
最後は易にハマり自ら易を夢中でやっていた事は有名よ
ところで他にも何か現象占いの面白い体験談ってあった？
うん！あるよ

先日 お客様から聞いた話によると…
私がまだ日本にいた時の話よ
S子さん（70代・日本人女性）
10年前都内の神社で親戚《しんせき》の男性の結婚式があって
主人と一緒に参加したんだけど…
待てど暮らせど新婦《しんぷ》側のご親族が現れないの
すみませーーん!!!
予定の時間を1時間過ぎて会場にようやくどどって入ってきて式がスタートしたわ
どうして新婦側の親族はそんなに遅れて来たの？
それが…

その日の早朝に いつも着《き》付《つ》けを 頼んでいた先生が お亡《な》くなりに なって
代わりの先生を 探すのが大変で 大幅に遅刻して しまったそうなんだ
それはお気の毒 だったわね…
つまり…
この事例を 現象占いで 解釈すると
「2人の新婚生活は 足並《あしな》みが揃《そろ》わない」 「思いがけないアクシデントや 困難があり思ったようには 行かない」という風になる
その夫婦は 結局3年で 離婚したわ
このS子さんにも 「現象占い」について 説明すると深く 頷《うなず》いていらっしゃった
うーん… なんとも 言えない話だわ
ごめん ごめん
で
この「現象占い」を 道具を使ってするのが タロットや易・ダイス占い・ コイン占いなどだけど…

僕が日本にいた学生時代に「コイン占い」で当たる確率を実験した事があるんだ
コインの表・裏で占ったんだけど…
ふんふん
当時自宅アパートの近くにパチンコ屋があったんだ
1ヶ月くらい通ってみて大体4回中1回勝って3回は負ける勝率だと分かった
へえ意外！みちるもギャンブルするのね
占いの検証《けんしょう》のためだよ
普通にやると負けの確率が圧倒的だったんだけど…
ある日からコイン6枚で占うコイン占いで予測してから勝負することにした
そして「今行けば勝ちますか？」と聞いてコインを投げる

それで「勝つ」と出たらすぐに行って「負ける」と出たら行かずに1時間後にまた占う
そして「勝つ」と出た時だけ行ったら…
なんと10連勝したんだ！
10連勝！
自分でもビックリだったよ　普段なら有り得ない事だから
でコイン占いしないで行くと大負け
それ以来やってないよ
ヘェ〜ッ
ホントだって！そんな感じで現象占いは
道具を使って吉凶を見るのと原理は同じだって言いたかったんだ
じ〜…
まあみちるがギャンブルしようが別にいいけど
道具といえばドン・ゲーリーの水晶玉占いはまた性質が違うのかしらね？

そうだね…あれはサイキックも入っていると思う
せっかく連絡先もらったしコンタクトとってみようかしら？
え!?
それは危険だよ
どうして？近づいてみれば何かわかるかもしれないわ
サラを危険な目に合わせるわけにはいかないよ
いつも助けてもらってばかりだし
それに…
それにこれは
僕自身がなんとかしなければいけない事のような予感がする――

…とは言ってもドン・ゲーリーの鑑定の予約は1年待ちか
大人気ね
普通に接触《せっしょく》するのは難しいか…
!
みちるよ
この声は…シュバット・フェルツェン!?
シュバット・フェルツェン降臨《こうりん》!?
今日は「愛の力」の話をしよう
えっ? なんで突然…
「愛の力」??

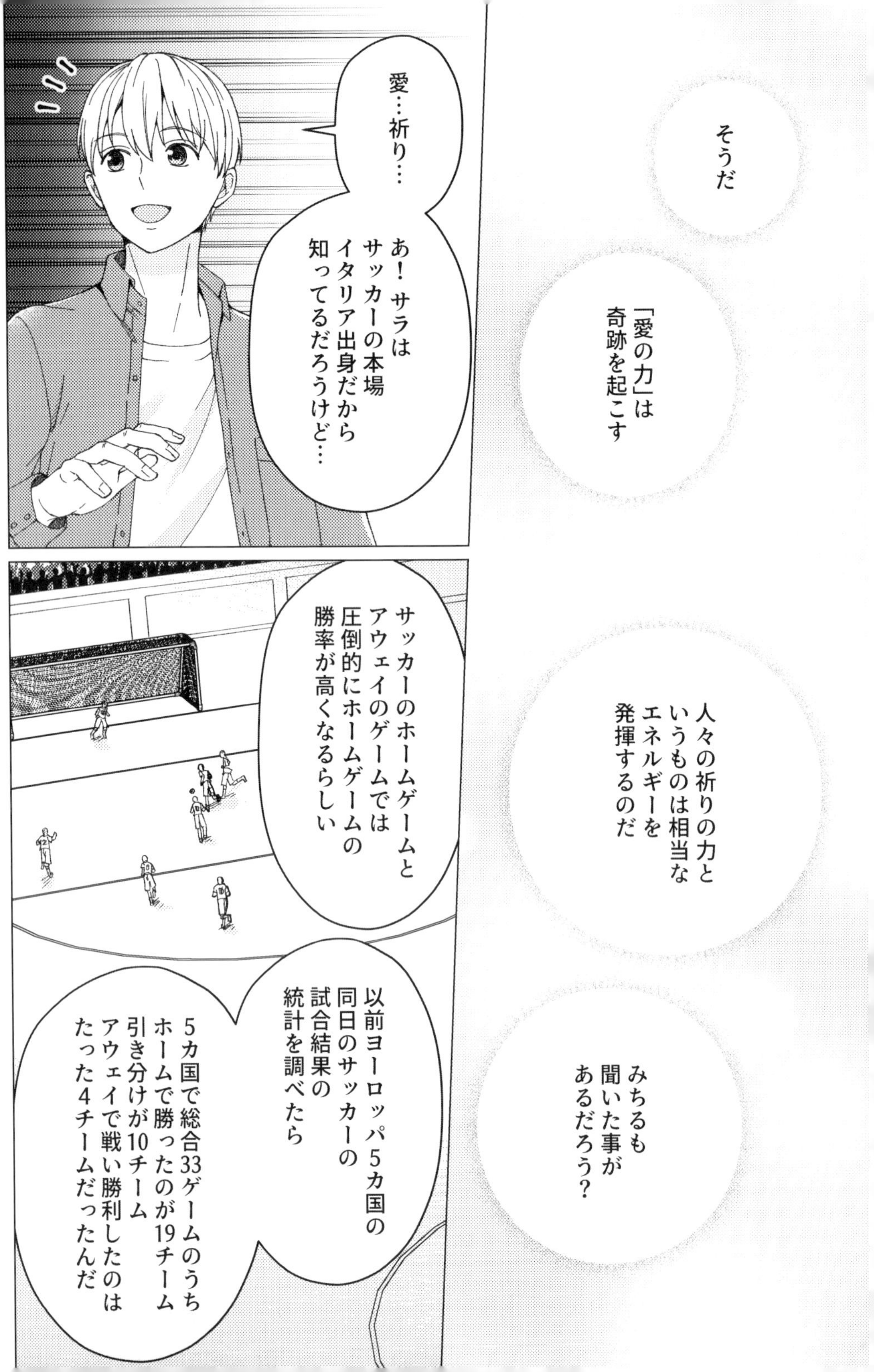
そうだ
「愛の力」は奇跡を起こす
人々の祈りの力というものは相当なエネルギーを発揮するのだ
みちるも聞いた事があるだろう?
愛…祈り…
あ! サラはサッカーの本場イタリア出身だから知ってるだろうけど…
サッカーのホームゲームとアウェイのゲームでは圧倒的にホームゲームの勝率が高くなるらしい
以前ヨーロッパ5カ国の同日のサッカーの試合結果の統計を調べたら
5カ国で総合33ゲームのうちホームで勝ったのが19チーム引き分けが10チームアウェイで戦い勝利したのはたった4チームだったんだ

大勢の人々の大応援を受けてプラスのエネルギーが作用したって事ね！
愛のエネルギーを相当量《そうとうりょう》受けたチームは
運気が増強され幸運作用が起こる
こんな話もあるよ
僕が前にお会いした財界人の中で○○造船のF会長という人がいるんだ
私が運が良いのは母親に毎日祈ってもらっているおかげだと思うんだ
F会長
話を聞くとF会長のお母様は昔から毎日仏壇に向かっては
家族の名前を挙げ健康や幸せを願っていたという
へぇ…お母様が？
それでこんな奇跡も起きたんだよ！

海外出張に出かけた際に当時大きなニュースになった航空機の墜落《ついらく》事故があった
実は私はその飛行機に乗るはずだったんだ
えっ!? そんな危ない場面が!?
ああ だけど…
搭乗《とうじょう》直前にカウンターに行くとなんと私の席が他の女性とダブルブッキングになっていた
私は時間に少し余裕があったのでその方に席を譲《ゆず》り便を一つ遅らせたんだ
そしたらその譲った飛行機が墜落して…
その時は特に…何かを感じずにはいられなかったよ
本当にいつも母の祈りには有難《ありがた》いと思っているんだ
そうなんですか…
「愛の力」の影響は計り知れない
だが逆に怨念《おんねん》や人々のマイナスの念にも相当な力が込《こ》められているのだ
ぞくっ

それは僕も心当たりが…
大学の同級生ヨシオ
一巻参照
僕の場合は過去に嫉妬《しっと》の念を飛ばされて左肩が痛んだけど…
えー！怖《こわ》い！
以前鑑定したベテランの看護師さんいわく「人の恨《うら》みを買ったり羨《うらや》ましがられて嫉妬されたりする人は心臓病の人が多い」らしい
なるべく誰からも恨まれたくはないわね
そうだね…僕のお客様の中にも人からマイナスの念を受けて病気になっている人が本当に多いんだ
あ！そういえば逆に誰かを恨《うら》んでいる側の人からも話を聞いた事があるよ
えぇ!?

実は私…
(日本人女性・50代)
バーのママ
話を聞くと その女性は ある男性と 同棲していたが
ある日突然その男性は 他の女とどこかに 逃げてしまったらしい
それで私… その男が 憎《にく》くて憎くて…
毎晩店が終わって 帰宅した後の深夜2時頃
紙に人の形とその男の 名前を書いて 強烈な恨みを込めて 針で心臓の辺りを チクッと刺していたのよ
山本
ええっ？ 毎晩ですか
あの時は どうか してたわ
そしたら1週間後に その男から電話が かかってきて…
俺だけど…
アンタ今 どこにいるの!?

そんな事より…お前俺に何かしてねーか？
ここんとこ毎晩夜中の2時頃に心臓がチクーッと刺すように痛んで死にそうになるんだよ
し…してないわよ！
聞くとこの男性は庭師の仕事をしていたが
ハシゴから落ちて右手を骨折
仕事が出来なくなりとうとうこの女性に連絡してきたそうだ
カンベンしてくれよ
その時ようやく我に返って
すっかり怖くなっちゃって…もうそんな事はしていないわ
…恐《おそ》ろしすぎるわ
その人は自分で気づいて誰かを憎《にく》むのをやめたけど
やっぱり人を憎むのは相手も自分も不幸にするんだよ
「人を呪《のろ》わば穴二つ」って言うしね
※このママさんもその一年後に原因不明のひどい体調不良となり2カ月間休養した

だから運が良くなるには人から愛されている事がいちばん！だね
そうだ
そして人を愛し幸せにした分
同じだけ自分も幸せになれるのだ
今地上には多くの「愛の戦士《せんし》」たちが転生《てんせい》している
愛の戦士？
残念ながら今の地上はアトランティス末期とよく似ているのだ
道徳が乱れ世が乱れ戦争も起こり
もはや神の怒りで水没しそうな様相《ようそう》になっている

その事を警告し知らせようと
アトランティスの水没の悲劇を体験した大勢の者たちが
「愛の戦士」となって現代に生まれ変わって来ているのだ
少しでも多くの善良なる人々を地球上から救いたいという願いを持ち
100万もの愛の戦士たちが地上に愛の花を降らせている

そうなんだ…
しかし今の地上の状態は善と悪の力が拮抗《きっこう》している
この状況を見かねた愛の戦士たちが既《すで》に現代の様々な分野に生まれ変わって降臨し愛と真実を伝えているのだ
ただし有力な愛の戦士たちが地球を救おうと転生しているのと同時に
反対にこの地上には悪の道を選ぶ者も数多く存在しその数は善人にひけをとらない
今までいろんな人と会ってきたけど…
もしかしてその中にも愛の戦士はいたのかな？
なつきやリサがそうだ
やっぱり！そんな気がしたんだ

占い師でいうと
みちるが昔会った
黛《まゆずみ》◯◯も愛の
戦士の1人だ
黛さん…
ああ！
まだ日本にいた頃
ご縁があって
黛さんご夫婦のお宅に
お邪魔した時—
いや～
うちの黛には
参っちゃうよ
ご主人も
占い師
食べるのに
困っている
お客が来たら
可哀想《かわいそう》だと言って
鑑定料も受け取らず
家の米から味噌
野菜までどんどん
あげちゃうんだから
だってしょうが
ないじゃないの
性分《しょうぶん》だから

たしかに…とても愛に溢《あふ》れた印象の方だった…
他に有名な人物だと女優のA・ヘップバーンなども愛の戦士である
A・ヘップバーンも！
へぇ～
そうだわ！彼女たしか…
A・ヘップバーンは少女の頃戦争の影響でオランダに避難《ひなん》し
ドイツ軍が攻め入って来る中大変な食糧難に遭《あ》ったという――
そのためチューリップの根を掘り虫を食べ
時にはごみ箱をあさりながら飢《う》えをしのいだ
その後終戦となり恵まれた容姿や5歳の頃からやっていたバレエの経験を活かし女優業で成功

そして年月が経ち――
かの有名な「ローマの休日」ね！
アカデミー主演女優賞を取って一躍ハリウッドの大スターになったの
彼女は自宅で食べ残していたチョコレートを見てふと昔を思い出す
飢《う》えに苦しんだ子供の頃軍人にもらったチョコレート
それは彼女の希望となり心を癒《いや》した
戦火の中食料や薬を運んでくれた国際機関…
決してその事を忘れる事がなかった彼女はやがて――

5年の間に50回以上も貧困国に行き奉仕活動したのよね
しかも自費で！
サラ詳しいね
大ファンだもの！
苦しかった少女時代を経験した彼女は貧しい子供たちを見て見ぬふりは出来なかったのだろう
彼女の影響を受けたくさんの人たちが募金や支援活動に参加し
彼女は子供たちに希望の光を灯す存在となったのだ
なるほど…華やかで幸運な人生を手に入れたA・ヘップバーンの運の良さには
相応《そうおう》の理由があったんだね

あれ？
どうしたの？
シュバット・フェルツェンがいなくなった…
それよりサラ！
やっぱりドン・ゲーリーに連絡してみてくれないかな？
え？いいけど…
ちょっと考えがあるんだ
ふーん？
ドン・ゲーリーには僕が体当たりで挑《いど》むしかない…！
Hi！ドン・ゲーリー！

お待たせして
ごめんなさい
……
隣の男は？
あなたの
ファンなの
どうしても
会ってみたいって
言うから連れて
来ちゃった
ドキドキ…
…残念だな
僕は君と２人で
会いたかったんだ
悪いけど
帰るよ
待って！

カシャ
え…？
ン…

クロウ・パート…？
！
ちっ
おまえは…
みちる！どうしたの？
今見えたものは…？
まさか…

サラ！急いで僕の家に戻ろう！
え？ええ…わかったわ
カシャッ
いったい何がどうなったっていうの？
サラ…消えたドン・ゲーリーの手相の写真もう一度見せてくれないかな
え？それはいいけど…
85%

天時《てんじ》通力で
ドン・ゲーリーの手相が
写った瞬間の時点に
時を巻き戻せ
ないだろうか…
どうか…!
見えた!

うっ
なんだ…⁉
この強烈な
恨みの感情…
みちる
大丈夫？
うん…
それより彼は…
ドン・ゲーリーは…
あのクロウ・パートの
生まれ変わりだ…！
ええっ⁉

そして僕に対して強い恨みを抱《いだ》いている…
それに何か…黒魔術《くろまじゅつ》をかけているような場面も見えた
なつき先生が昔解《と》いてくれた呪《のろ》いも
街中で何者かに襲《おそ》われたのも
13世紀フランスの占い大会で——…
全て彼の仕業《しわざ》——…!!
遥《はる》か昔からの恨みの歴史——
そういえばサラと一緒に写っている写真があったはず
はっ

これは…！
金毛九尾《きんもうきゅうび》の狐《きつね》だ…！
金毛九尾の狐？

ドン・ゲーリーはこの狐と合体しているんだ…
ええ!?
金毛九尾は一見素晴らしい人に見える
知恵も才能も申し分なくて時には神かと見まごうほど…
そして人気や名声も得て周りから尊敬されたりもする
だけど…
ただ1点…愛情だけが欠けている
所詮《しょせん》は狐が化《ば》けている偽者《にせもの》なんだ
でも…彼の実力は確かだったわ
だから善悪を見抜けない人たちはよほど気を付けないと騙《だま》されてしまう

もう一度…ドン・ゲーリーの手相を見てみよう
88%
お願いだ…！出てきてくれ…！
これは現在のドン・ゲーリー…！
本当におまえは使えないヤツだなクビだ！
君にはもう飽《あ》きたよ
困っているんです…
金が払えない者など助けてやるものか！
ひどい…

サラ！
ドン・ゲーリーの
名刺を貸して！
Don Gary
×××-×××-×××
×××−×××
−×××
RRR…
RRR…
RRR…
Hello
ドン・ゲーリー
僕が誰だか
分かる？
…さあ
どなたかな？
単刀直入に言うよ
ドン・ゲーリー
あなたの正体は…

クロウ・パートの生まれ変わり
そして何度生まれ変わっても僕に執着し恨みの念を飛ばし続けている
金毛九尾の狐だ!!
おまえは…!
何をバカな事を!
僕はあなたには絶対に負けない
何度呪《のろ》いをかけられても立ち上がってみせるよ!

く…っ!!
Call ended
スゥッ…
あーあー
見破られちゃったね
さあどうする？
ドン・ゲーリー
ギリッ…
みちる…！
大丈夫だよ
それに
金毛九尾の
弱点は…

RRR…
着信中
Sara
ああサラ どうしたの？
すぐネットのニュースを見て！
なんだろう？
！
大人気水晶玉占い師ドン・ゲーリーの暴《あば》かれた裏の顔!!
12:30

「スタッフへのパワハラ…」
「多くの女性を弄《もてあそ》び金と欲にまみれた日常…」
これって…僕が見た内容と同じ…
こんなにも早く現実的に顕現《けんげん》してくるのか…
金毛九尾の弱点 それは——
正体を見破られると途端にその力が弱体化する事——
それにより取り憑《つ》かれている者も不正や悪事を暴《あば》かれる事となる
くそ…っ！

ドン・ゲーリー…
残念だけどこれは彼のマイナスの業がブーメランとして自分自身に返ってきた結果だ
人は心から反省したり改心すれば恨みや苦しみの負のスパイラルから抜け出せるけど
彼の場合は——
ドドッ
許さない…
このまま終わってたまるものか…！

みちる おはよー！
しーん…
アレ？
？
ガチャ
みちる!?
あ…サラ…
大丈夫？
すごい熱…
えっ 39℃!?
39.0℃

なんだか突然具合が悪くなっちゃって…
少し休むよ
あ鑑定のお客様にキャンセルの連絡…
私がやるわ！みちるは休んでて
ありがとう…
急にどうしちゃったのかしら…
どうしよう…こんな事は初めてだ
ハァ…
ハァ
それに猛烈に心臓が痛い――
それから僕は二日ほど高熱でうなされ――

みちる少し
食べられる？
あ うん
そこに
置いといて…
なかなか熱が
下がらないわね
お医者様も原因不明
だって言うし…
もう少し
様子を見てみるよ
そう？何か
あったらすぐに
呼んでね

僕は
もうダメなんだろうか…
せっかく…
せっかく
頑張ってきたのに──
…あ　この香り
フワ…
……
みちる…
あなたは…

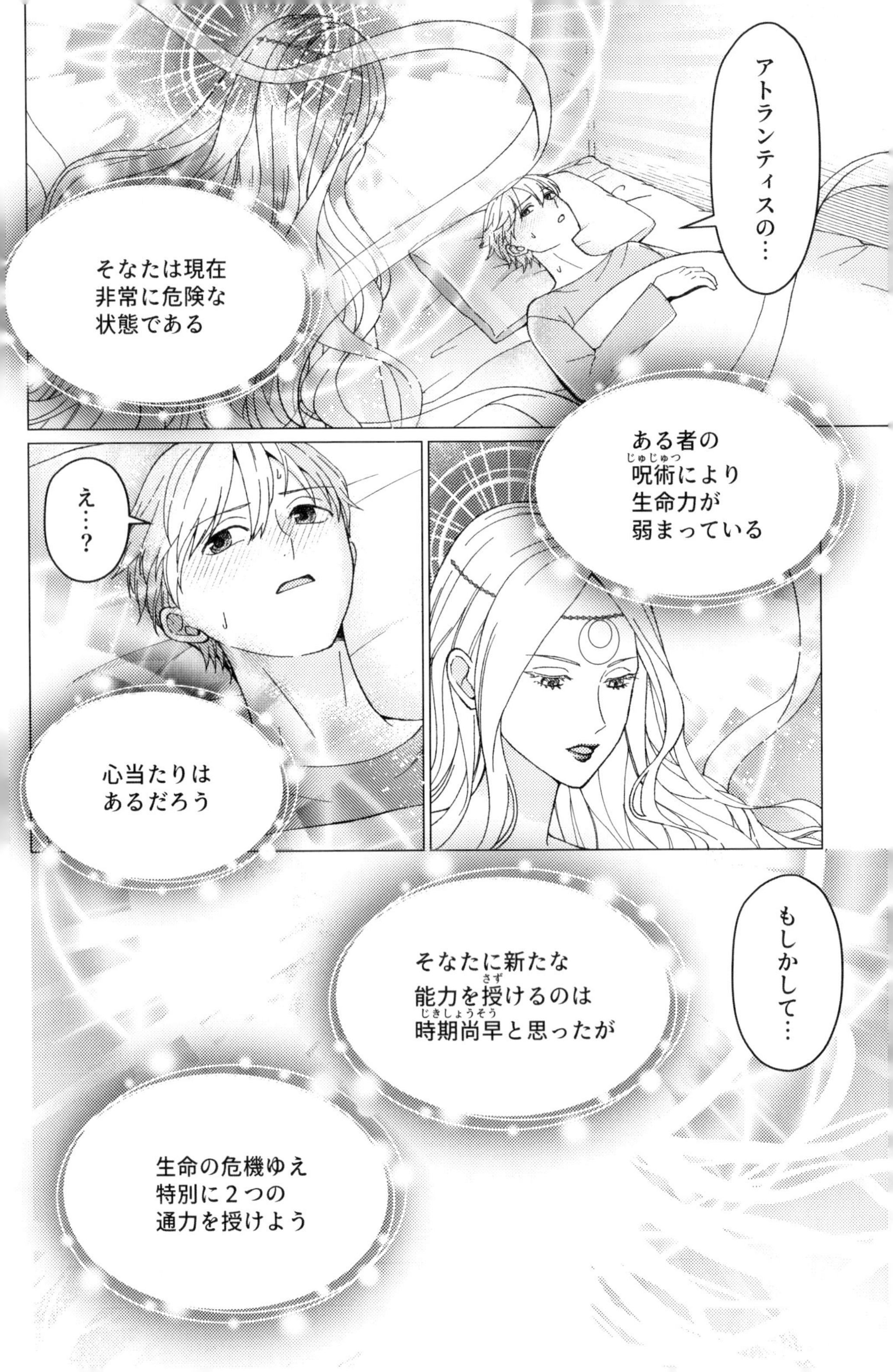

アトランティスの…
そなたは現在 非常に危険な 状態である
ある者の 呪術《じゅじゅつ》により 生命力が 弱まっている
え…？
心当たりは あるだろう
もしかして…
そなたに新たな 能力を授《さず》けるのは 時期尚早《じきしょうそう》と思ったが
生命の危機ゆえ 特別に２つの 通力を授けよう

「天愛通力《てんあいつうりき》」これにより相手が愛のある本物か愛のない偽物か見分ける事が出来る
そして「天剣通力《てんげんつうりき》」この剣を受け取るが良い
そなたが真《まこと》の心で立ち向かうのなら
この剣が奇跡を起こしそなたの大きな力となろう
あ…ありがとうございます…

また玉が
僕の中に――
女神様が
消えた…
スー…
はっ
そういえば
かけられた
呪術って…
!!?

うわっ
何だこれは!?
ぐっ
ギリ…
ハァ
ハァ…
ぼ…
僕は
まだやる事が
ある…
これからも
たくさんの人を
幸せに導いていく
そう
決めたんだ…!
どうか…!

!!?
これは…

パラ
スウッ…
パラ…
剣が…
あれ？
体が急に楽に…
サラ！
ミーシャ！

みちる！
パタ
パタ
もう
大丈夫だよ
どうやら
ドン・ゲーリーが
僕に黒魔術を
かけていたみたいだ…
ええー!?
ドン・ゲーリー
まさかここまで
するとは…
サラ
また
ドン・ゲーリーの
写真を見せて
くれないかな？
え？
彼がこうなって
しまった理由…
どうしても
知りたいんだ

〜〜〜もう！
分かったわよ！
ホントに
研究熱心
なんだから
やっぱり…
金毛九尾が
消えてる…
過《あやま》ちを繰り返す
ドン・ゲーリーの過去
いったい彼は
何故こんな風に
なってしまったんだ…？
見えてきた…

これはおそらく
アトランティスよりもさらにずっと前の時代…
誰かの相談にのっている…
この時も彼は占い師だったのか
うまくやっているようにも見えるけど…？
どうだい!? 俺の占いはよく当たるだろう？
うーん
まあそこそこ当たってはいるけど正直もっと実力のある占い師はいるよ
実は僕占いマニアで今までたくさんの人に見てもらってきたんだ
君の実力はこの国で100番目くらいかな
何!?

ガーン…
ひゃく…
君のレベルが上がった頃にまた来るよ
な…
くそっ…
世界一当たる占い師になりたい
何が何でも一番になりたい
そうか
彼はこの出来事がきっかけで…

ちくしょう
どうしたらいい？
イラ
イラ
ただ当てさえ
すればいい
そして有名に
なってアイツを
見返してやる…！
何でも
する…！
当てられる
霊力が
得られるなら
願いを叶《かな》えて
あげようか？

そこから
前世《ぜんせ》のゲーリーは
格段《かくだん》に霊力が
上がり

よく当たる
占い師として
トップに
登りつめた

ただ――

俺を誰だと思っている!!
周囲の人に対して全く思いやりや愛情がなく
占いをいつしか自分の欲を満たすためだけに使っている
何度生まれ変わっても
その時々で霊力に差はあれど同じような生き方をしているんだ…
この男は悪魔に魂を売ってしまったのだ
シュバット・フェルツェン!

自身の欲望や邪心により
低級な動物霊レベルの人間へと成り下がってしまった
「成功したい」「有名になりたい」「金持ちになりたい」
その向上意欲は決して悪いものではない
その意欲があるからこそ人は努力し成功へと繋《つな》がっていく
愛や向上心からスタートした願いは本物だ
逆に愛のないスタートは偽物《にせもの》…
そうだ

世の中はどの分野においても正邪半々で成り立っている
愛なき者には時に神に化《ば》けた悪霊が寄り付き
現にドン・ゲーリーは一時的に霊力が弱まっているが
気付けば支配されもはや救う事すら出来なくなる
おそらく彼はまた――…
ゲーリーに憑いていた金毛九尾は今パワーが弱まっているはずだけど…
いつかまた姿を現したら
その時は僕が――…!

覚悟していろ…
絶対に許さない…
いーヤツ
見つけた♪
ねえねえ
力を貸して
やろうか？
結局本人が
改心して
正しい道を
歩まない限り
悪に魅入《みい》られた人は
救いようがないのか…
人が正しい道を
行くのも
間違った道を
行くのも
自分次第《しだい》…
なんだか
ドン・ゲーリーって
可哀想《かわいそう》な人ね

そうだね…
だけど彼が自ら《みずか》を
顧《かえり》み改めない限り
誰も彼を助けて
あげる事が出来ない
なので
芸術・学問・宗教心といった
ものも同様にね
同様って？
地上の仕組みで
自分と似た霊を
引き寄せる事に
なっているんだ
例えば酒飲みの霊は
生活が乱れた地上の
酒飲みにくっついて
酒を飲む快感を味わう
そうすると
その霊に憑かれたものは
ますますお酒が
やめられなくなる
女好きの霊も
同様だ
反対に学問好きの霊は
地上の優秀な人物にくっつき
共に勉学《べんがく》に励《はげ》む事で
ますます能力が向上する
言うまでもなく
絵や音楽などの
才能がある霊もそうだ
以前
リサ先生がこう
おっしゃっていた

「芸術は神に近づく最短距離」と—
なるほどね…
こうして地上の人は愛情や善悪の心その他の状況によって
霊界の善悪の霊たちと共鳴し時には合体して…
そう 前に
シュバット・フェルツエンが言っていた—
「愛の戦士」か「魔の使い」に分かれていくんだ

…という事は
私たちももっともっと自分を高めて「愛の戦士」になろうって事ね！
そう
そして今はどうであってもその人が今日から心を入れ替えて努力するなら
その先には素晴らしい未来が待っているんだ
どんな人でも元々は
素晴らしい魂や能力を授かっているのだから——
そして神仏は人々が「愛の戦士」として目覚める事を
辛抱強《しんぼうづよ》く見守って下さっているんだ——…

そして地球上に
愛の戦士が増え
愛の祈りのパワーが
悪を大きく上回れば
善悪の戦いにおいて
地球をホームゲームに
する事が出来る
愛のパワーで
悪に圧勝出来る
時代になるんだ！
そして
きっと――…
その日が
来るのは
もうすぐさ！

手相家 MI《ミ》CHI《チ》RU《ル》 手相解説

第2章

みちるに次々ハプニングが！
そしてドラマは結末を迎える

登場シーン順に紹介します。

解説
挿絵　西谷泰人

命《めい》卜《ぼく》相《そう》

占いの3種、『命・卜・相』の解説

※**命**……その人の生年月日、時間、場所など、生まれた時に定められた情報を基に、一生の運命や宿命を割り出す占術。

主な占いに西洋占星術をはじめとする占星術各種、四柱推命、算命学、方位学（九星気学）、紫微斗数《しびとすう》、数秘術などがあります。

※**卜**……カードや道具を用いて、偶然の要素を使って答えを導き出す占術。

日々移り変わる人の気持ちや、近い未来のことを占うのに威力を発揮します。

主な占いに、タロット、易、おみくじ、トランプ占い、ダイス（サイコロ）占い、コイン占い、ルーン占い、水晶玉占いなどがあります。

※**相**……物の形や、一部の形状から、その人の運命を見る占術。

また、そのものの形を吉相に変化させることで、開運へ導くことができる占術。

主な占いに、手相、人相、家相、風水、姓名判断、印相、墓相などがあります。

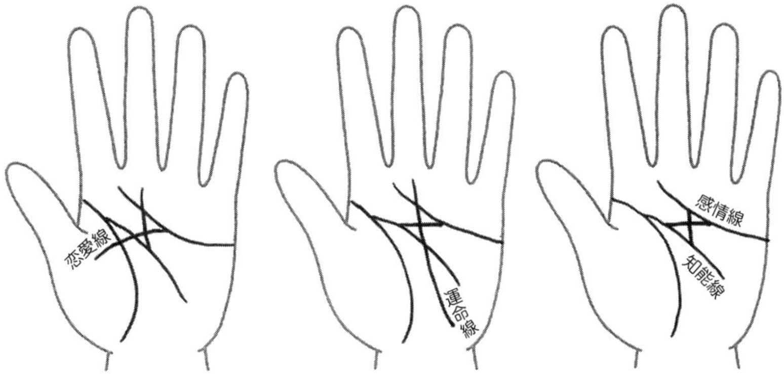

神秘十字型（タイプ3）　神秘十字型（タイプ2）　青木先生にある神秘従十字形（タイプ1）

★武道の達人、青木宏之先生の手相

青木宏之先生は、武道の達人。天真体道の創始者で、私が対談したYouTube動画が2本あります。

その中で、青木先生が触《さわ》らないで相手を投げ飛ばす「遠当《とおあ》て」の不思議な力の根源は、両手に出ている『神秘十字形』が関係しています。

それで対談動画の中で、この相を紹介しています。

※**神秘十字形**……手のひら中央上部に出る十字形の吉相で、この相を持つ人は、優れた先祖や神仏の加護により、身の危険や、運命上の障害など、危うい場面を避けて助かる、といった見えない世界の応援・加護を受ける強運の人です。

主に上記3タイプの出方があり、どれも神秘十字形です。

※**神秘十字形（タイプ1）**……知能線と感情線にかかる横線に、知能線から上がる縦線が交差し、きれいな十字を描く代表的な「神秘十字形」。青木先生がこのタイプ。

※**神秘十字形（タイプ2）**……知能線と感情線にかかる横線を、運命線が通過し、十字を描くタイプ。

※**神秘十字形（タイプ3）**……知能線から、あるいはその辺りから上がる運命線を、恋愛線が横切り十字を描くタイプ。

※コイン占い……6枚のコインを使って占う、易のコイン版です。

やり方

①6枚の硬貨を用意し、表と裏を決めます。

②6枚を両手の中に入れてよく混《ま》ぜます。

③問いたいことを念じて放る。

④6枚を下から上へ並べていき、陽（表面）・陰（裏面）の印とし、下から例えば、陰・陽・陰・陰・陽・陰　というように並べ、易でいう64卦《け》のうち、どの卦に当たるかを見るというものです。

ホームゲームとアウェイゲーム

漫画に登場した「愛の力」の中の、サッカーのホームゲーム、アウェイゲームの試合の結果は、サッカー好きの私の過去の保管資料から、『日刊スポーツ』○○○○年9月14日の、ヨーロッパの5か国の勝敗表からの紹介です。

※この日の新聞は、日本の元有名サッカー選手、中田《なかた》英寿《ひでとし》選手がイタリアのセリアAでのデビュー戦で2得点した、その翌日の大々的な特集が載った新聞だったため、記念に保管していました。

その日の新聞に掲載があった前日の、ヨーロッパ5か国のすべての試合結果を、一覧表から紹介しました。

※ホームゲーム……自分の地元チームが地元で行う試合。地元の大声援を受けて開催するもの。そのため、ホームチームに断然有利といわれている。

※アウェイゲーム……相手チームのホームグラウンドで行う試合。相手チームが地元の大声援を受けて開催するもの。アウェイチームは断然不利といわれている。

当日はイングランド（プレミアリーグ）、イタリア（セリエA）、ドイツ（ブンデスリーガ）、オランダ（エールディヴィジ）、フランス（リーグアン）で計33試合が行われました。

その結果が33ゲームのうち、ホームゲームで勝ったのが19チーム。引き分けが10チーム、アウェイで勝利したのはたった4チームでした。それぐらい大声援（＝愛の波動）の力の威力は強大！　ということです。

皆様が愛の戦士となり、それぞれの分野で活躍し、素晴らしい地球上のユートピアが完成する日を楽しみにしています。

その日が来るのは、もうすぐです！

西谷泰人　YASUTO NISHITANI

手相家 / 作詞・作曲家
ライフコンサルタント
ゲット・ラック国際アカデミー主宰

■アメリカのABCラジオで数多くの有名人を鑑定、話題に。
これまで鑑定した人々は世界各国の政治家、財界人、文化人、芸術家、スポーツ選手とあらゆる分野に及び、その数は優に10万人を超える。
著書は海外でも翻訳され、売り上げ累計450万部以上に。

鑑定の問合せ、お申し込みは(株)創文まで。
下記ホームページからお申し込み下さるか、
電話：045-805-5077（10：00～18：00　土・日・祭日除く）まで。
https://www.nishitani-newyork.com/

5000人のプロ占い師を育てた『西谷泰人　手相スクール』開催中！（方位学・人相も学べます）
—3か月後 あなたは手相家に—

手相家 MICHIRU 3 愛の戦士編

発行日　カバーに記載

著　者　西谷泰人
発行者　西谷泰人
発行所　株式会社　創文
〒245-0024　神奈川県横浜市泉区和泉中央北2-10-1
TEL. 045-805-5077　　FAX. 045-802-2408
印　刷　美研プリンティング株式会社

ISBN978-4-902037-30-2　C0076

西谷泰人 作詞・作曲の
YouTube1000 万回再生の話題曲

I'm Crazy About You
（君にもう夢中！）

You'll Win The Lottery
（宝くじは当たるよ）

無料 YouTube 人気のニシタニショー手相動画

大金運ランキング

私が今まで鑑定してきた 10 万人の統計から、
金運 1 位～6 位の手相ランキング発表！
月収 100 万円超え、資産 億超えの金持ち
手相公開！
金運アップの方法も解説。

高徳の相

目に見えない幸せになるエネルギーの持ち主！
高徳の相を紹介します。

老後が豊かな手相 5 選

この『老後豊かな手相』があれば、あなたの
将来は大丈夫！

▶ 自〇予定の女性が鑑定にさあどうなった？

失恋し自信も失い、夢も希望も失くした人の手にあった、唯一の開運線とは？

▶ 手相　神仏加護の相 神仏に守られ、運良く人生が送れる相

生まれながらに運が良い、神様・仏様に護られている人の相を紹介します。

▶ 起業線

手のひらの下部から小指に向かう『起業線』があれば、商売・金運の吉相です！

素晴らしい「運」がやって来る手相

あなたにこの線があるかないかで、未来が分かります。
もし無い場合も大丈夫です。開運法を話しています。

強運線

生命線下部が２つに分かれていたら、人生が一変し、
成功する「強運線」。その解説をします。

大金持ちの手相が出てきたら、あなたは必ず大金持ちになります。

この線が出て来たら、
いよいよあなたもお金持ちに―！
その吉相の解説をします。

無料 YouTube 人気の ニシタニショー開運動画

犬・猫ペットは主人を救う

ペットを飼っている人・飼いたい人 必見！
素敵な人生を送るヒント。
ペットのもたらす好影響が判明！

口癖が運命を決める

あなたが日常 口にする言葉が、運命を決めていた。
体験談を次々紹介します！

先祖から引き継いだ 悪～い習慣から抜け出そう

縁結びが実感できる⁉
先祖や神仏の加護を受けていると起こることとは⁉

大金ゲット
裸の夢を見たときは、
あなたの金運上昇の印です

この夢を見たら大金が手に入る！
体験談をいろいろ紹介しています。

人に恨まれると
ろくなことがありません。
その解決法を教えます

人に恨まれている時の
効果テキメンの解決法とは？

同じ数字が並ぶのを見たら、
あなたに幸運が起こります

333とか888など、二桁以上同じ数字が並ぶのを見ると、幸運が起こる！

――西谷泰人　ベストセラーシリーズ――

未来を予知し、最高の人生に変える法を明かす！

創文　定価（本体一、四八〇円＋税10％）

未来予知はできる

人は偉大なる能力を秘めている

「女占い師に予言された、青年チャップリンの未来」「八百件以上の未解決の事件を透視で解決したクロワゼット」他。未来予知は出来るのか？　未来は決まっているのか？　運命は変えられるのか？　など満載！

成功には法則がある

創文　定価（本体一、四八〇円＋税10％）

人生は三度チャンスがやって来る

幸運招来のエッセンスが満載！

「幸福は幸福を呼ぶ」「いい事は人に話してはダメ」「運のいい人と付き合いなさい」「人生には三度大きなチャンスが来る！」「今、幸せの種を蒔こう！」他、今日からすぐ幸せになれる秘訣が満載！　全十章。

あなたにしか出来ない、あなた流の生き方

定価（本体一、四〇〇円＋税10％）

人と同じじゃ意味がない

あなたは天職に就いていますか？　自分の適職を知っていますか？　あなたは自分流の生き方をしていますか？　あなたは自分にしか出来ない事は何なのか知っていますか？　本書で、自分を最高に生かせる道を見つけよう！

――西谷泰人　ベストセラーシリーズ――

占いを受けようとしているあなたに

占い師からのメッセージ

10万人の鑑定をした手相の第一人者が贈る、
やすらぎのカウンセリング・エッセイ

「幸運を呼ぶ、いい持ち物を持とう！」「厄年や衰運期の正しい捉え方」「ヒドイ易者もあるもんだ！」他、全十二章

定価（本体一、四〇〇円＋税10％）

運を良くする占いがここにある！

占い師は運命の医者である

当てるだけの占いでは意味がない

「その人のいい運や才能を引き出す占い師が、いい占い師である」「悪い未来が手相に出ていたらどうするか」「相性の良い、悪いについて」「面白くなければ仕事じゃない、面白くなければ人生じゃない」他、全十四章

定価（本体一、四〇〇円＋税10％）

方位の効果を知らずして動くことなかれ

吉方旅行と引っ越し

正しい吉方位とは？　凶方位とは？
いつ引っ越したらよいのか
いつ、どこへ旅行したらよいのか

――あなたの吉方位が一目でわかる
豪華特典カラーグラビア吉方位ガイド帳付（6年分）――

創文　定価（本体一、四〇〇円＋税10％）